처음부터 배우는 인문학 수업

처음부터 배우는
인문학 수업

김민식 지음

프롤로그

질문이 시작되는 순간

누군가는 인문학을 '어려운 철학책'이라고 말하지만, 사실 인문학은 매일 아침 눈을 뜨는 순간부터 우리 곁에 있다. 커피를 마시며 하루를 시작할 때, 버스나 지하철에서 사람들의 표정을 바라볼 때, 친구와 농담을 주고받을 때조차 인간은 끊임없이 생각하고 느끼며 세상을 이해하려 한다. 그것이 바로 인문학의 출발점이다.

하루 종일 SNS를 확인하며 누군가의 '좋아요' 숫자에 웃고 울 때, 우리는 이미 심리학과 사회학의 교차로 위에 서 있다. 점심시간에 동료에게 '오늘 뭐 먹을까?'라고 묻는 일조차 선택과 타협, 그리고 관계의 예술이다. 퇴근길에 들른 편의점의 불빛 속에서는 현대인이 놓치지 못하는 '작은 안심'의 심리가 빛나고 있다. 누군가는 그저 일상이라 말하지만, 그 속에는 인간이 왜 불안해하고 왜 행복을 찾아 헤매는지에 대한 질문이 숨어 있다. 그것이 바로 인문학의 시작이다.

인문학은 어려운 이론이 아니라 우리가 이미 알고 있는 장면 속에 있다. 커피 향, 미소, 대화, 침묵, 유행, 그리고 별빛 아래의 생각 속에서 인간은 '왜 생각하는 존재인가?'를 스스로에게 묻는다. 미루기를 반복하면서도 스스로를 탓하는 사람, 완벽을 추구하다 지치는 사람, 사랑을 주고받으며 상처받는 사람, 모두 인문학의 한 장면 속에 서 있다.

빠르게 변하는 세상 속에서 우리는 자주 묻는다. '이게 맞는 걸까?', '나는 잘 살고 있는 걸까?' 인문학은 이런 질문에 즉답을 주지 않는다. 대신 스스로 답을 찾아가는 여유와 시선을 선물한다. 잠시 멈춰 생각하고, 바라보고, 공감하는 힘. 그것이 인문학이 우리 삶에 필요한 이유다.

이 이야기를 다 읽고 나면 아마도 깨닫게 될 것이다. 인문학은 교양서의 한 장르가 아니라, 매일의 삶을 새롭게 바라보게 하는 렌즈라는 것을. 그 렌즈를 통해 세상이 조금 더 따뜻하게, 그리고 조금 더 흥미롭게 보이게 될 것이다.

김민식

차례

프롤로그 _ 질문이 시작되는 순간　　　　　　　　　　　4

1장
인문학, 세상을 보는 또 하나의 창

01 인문학이란 무엇일까?　　　　　　　　　　　　11
02 과학보다 느리지만 더 깊은 이유　　　　　　　　15
03 인간에 대한 탐구가 왜 중요한가?　　　　　　　　20
04 질문이 생각을 만든다　　　　　　　　　　　　24
05 생각하는 인간, 호모 사피엔스의 탄생　　　　　　29

2장
일상에서 피어나는 인문학

01 커피 한 잔에도 철학이 있다　　　　　　　　　　35
02 엘리베이터 안의 어색한 침묵　　　　　　　　　40
03 SNS 좋아요 하나에 담긴 마음　　　　　　　　　45
04 양보는 언제나 옳을까?　　　　　　　　　　　　50
05 쇼핑이 즐거운 진짜 이유　　　　　　　　　　　55
06 반려동물은 가족일까, 친구일까?　　　　　　　　60
07 미용실 수다의 사회학　　　　　　　　　　　　65
08 사진 속의 나, 진짜 나일까?　　　　　　　　　　70

09 광고 속에 숨어 있는 유혹	75
10 늦잠이 주는 작지만 큰 행복	81
11 산책길 나무에게 배우는 여유	86
12 영화관의 눈물 한 방울	91
13 카페 음악이 나를 움직이는 이유	96
14 휴대폰 배터리 1%의 불안	101
15 농담이 관계를 부드럽게 하는 법	106
16 미루기가 꼭 나쁜 걸까?	111
17 유행을 따라가는 마음의 비밀	116
18 편의점 불빛 아래의 현대인	121
19 선물의 진짜 의미	126
20 별을 올려다보는 밤의 생각	131

3장
사람을 이해하는 힘

01 왜 사람은 공감을 원할까?	137
02 감정이 생각을 이끄는 순간	142
03 관계 속에서 나를 발견하다	146
04 잊는다는 건 정말 나쁜 걸까?	150
05 혼자 있는 시간의 힘	154

4장
언어, 사고, 그리고 세상의 연결

01 말이 사고를 만든다   159
02 단어 하나에 담긴 세계관   163
03 침묵의 의미와 대화의 미학   167
04 번역이 바꾼 문화의 흐름   172
05 언어로 세상을 다시 읽는 법   176

5장
예술이 우리에게 가르쳐주는 것

01 그림 속에 숨어 있는 인간의 욕망   181
02 음악은 감정의 언어다   185
03 영화가 철학이 되는 순간   189
04 예술과 현실의 경계가 흐려질 때   193
05 창조와 모방 사이, 인간의 상상력   197

6장
인문학으로 다시 보는 나와 세상

01 나를 만든 질문들   203
02 타인과 함께 살아간다는 것   207
03 불완전함을 인정하는 용기   211
04 행복은 어디에서 오는가?   215
05 삶을 다시 바라보는 힘   219

〈처음부터 배우는〉 시리즈

"처음부터 배우는" 시리즈는 막연히 어렵게 느껴지는 주제들을 누구나 이해할 수 있도록 쉽게 풀어낸 입문서 시리즈입니다. 철학, 심리, 인문학 등 생각의 깊이를 다루는 분야를 친숙하고 명확하게 설명하여, 처음 접하는 독자들도 편안하게 다가갈 수 있도록 구성했습니다. 이 시리즈는 단순한 지식 전달이 아니라, 스스로 '생각하는 힘'을 기르는 데 초점을 두고 있습니다. 복잡한 개념보다는 삶 속에서 자연스럽게 떠오르는 질문을 중심으로 이야기하며, 독자들이 사고의 폭을 넓히고 자신만의 관점을 형성하도록 돕습니다.

또한 핵심 개념을 반복적으로 다루어 이해를 깊게 하고, 생각의 흐름을 스스로 정리할 수 있도록 구성했습니다. 같은 내용을 여러 각도에서 다시 바라보게 함으로써 독자들이 '생각의 구조'를 몸에 익히고, 일상 속에서도 인문학적 통찰을 발견할 수 있게 합니다.

부제인 "생각하는 사람들의 비밀 노트"는 단순히 지식을 배우는 책이 아니라, 사유와 통찰의 과정을 함께 나누는 기록이라는 뜻을 담고 있습니다. 이 시리즈는 '생각의 즐거움'을 다시 깨닫게 하고, 바쁜 일상 속에서도 자신만의 철학을 세워가려는 모든 이들에게 작은 길잡이가 될 것입니다.

1장

인문학, 세상을 보는 또 하나의 창

01
인문학이란 무엇일까?

'인문학'이라는 단어를 들으면 많은 사람들이 먼저 떠올리는 건 두꺼운 철학책이나 고전 속의 낯선 문장들이다. 그러나 실제로 인문학은 그렇게 먼 곳에 있는 것이 아니다. 우리가 매일 아침 눈을 뜨고 세상을 바라보는 순간부터 이미 인문학은 시작된다. 아침마다 출근길에 사람들의 표정을 살피거나 카페에서 커피를 마시며 생각에 잠길 때, 그것은 단순한 행동이 아니라 '인간이 왜 이렇게 행동하는가?'를 스스로 묻는 사유의 과정이다. 바로 그 물음이 인문학의 첫걸음이다. 인문학은 지식이 아니라 '질문하는 습관'에서 태어난다. 누군가의 말을 듣고 고개를 끄덕이며 '왜 그럴까?'라고 생각하는 순간, 우리는 이미 인문학의 세계로 들어가 있다.

　인문학을 한마디로 정의하기는 어렵다. 하지만 간단히 말하면 인문학은 '인간과 인간이 만든 세계를 이해하려는 모든 노력'이다. 인간은 오랜 세월 동안 자신이 누구인지, 왜 살아가는지, 어떻게 살아야 하는지를 끊임없이 고민해왔다. 고대에는 신화와 전설을 통해 삶의 의미를 해석했고, 중세에는 신앙으로, 근대에 들어서는 이성과 경험으로 인간을 탐구했다. 즉 인문학은 시대마다 그 형태는 달라졌지만, 언제나 '인간답게 살아가는 방법'을 묻는 학문이었다.

우리가 흔히 인문학을 어렵게 느끼는 이유는 그것이 철학, 문학, 역사, 예술 등 다양한 분야를 포괄하기 때문이다. 하지만 이 모든 것들은 결국 하나의 질문으로 연결된다. '인간이란 무엇인가?' 이 질문을 이해하려면 먼 이야기를 할 필요가 없다. 예를 들어보자.

어느 날 퇴근길에 지하철 안에서 고개를 숙이고 휴대폰을 보는 사람들 사이에서 문득 외로움을 느낀 적이 있을 것이다. 분명 사람들로 가득 차 있는데도 고요하고 쓸쓸한 공기가 흐른다. 왜일까? 인문학은 그 이유를 알려준다. 인간은 관계를 맺으며 살아가지만, 때로는 타인 속에서 자신을 잃기도 한다. 그래서 우리는 끊임없이 관계를 유지하면서도 혼자 있고 싶어 한다. 이런 모순된 마음을 들여다보는 것이 바로 인문학이다.

또 다른 예를 들어보자. 친구가 나에게 '요즘 너무 힘들어.'라고 털어놓았을 때, 우리는 '무슨 말을 해줘야 할까?' 고민한다. 그 순간 우리는 공감, 위로, 책임, 인간관계의 의미 등 여러 가지를 동시에 생각한다. 어떤 말이 옳은지 따지기보다, 그 사람의 감정을 이해하려고 노력하는 마음 자체가 인문학적 태도다. 인문학은 정답을 찾는 학문이 아니라, 세상을 다양한 시선으로 바라보는 법을 배우는 과정이다.

역사를 보면, 인문학은 사회가 혼란스러울 때마다 다시 주목받았다. 기술이 발전하고 세상이 편리해질수록 인간은 오히려 '삶의 이유'를 잃어버리곤 한다. 스마트폰이 모든 정보를 알려주는 시대에, 우리는 오히려 '나는 누구인가?'라는 가장 기본적인 질문을 잊고 산다. 그래서 인문학은 시대가 빠를수록 더 필요한 학문이다. 인간이 만든 기술과 사회가 아무리 복잡해져도, 그것을 사용하는 주체는 결국 인간이기 때문이다. 인문학은 인간의 마음을 중심에 두고 세상을 다시 바라보게 만든다.

실제로 기업이나 학교에서도 인문학을 다시 배우려는 이유가 여기에 있다. 문제를 푸는 기술보다, 사람을 이해하는 능력이 중요해졌기 때문이다. 예를 들어 한 회사에서 같은 데이터를 분석하더라도 어떤 사람은 '이건 단순한 숫자'라고 보고, 다른 사람은 '이 숫자 뒤에는 사람들의 선택과 감정이 있다.'고 본다. 후자가 바로 인문학적인 시선이다. 인문학은 결과보다 과정을, 정답보다 맥락을 중시한다.

인문학은 또한 우리 자신을 비추는 거울이기도 하다. 우리는 살아가며 수많은 선택을 한다. 어떤 일을 할지, 누구와 시간을 보낼지, 무엇을 포기할지 매 순간 결정한다. 그때 인문학은 조용히 속삭인다. '너는 왜 그렇게 선택했니?' 이 질문이 불편할 수도 있지만, 바로 그 질문을 통해 우리는 자신을 조금씩 이해하게 된다. 예를 들어, 늘 남을 먼저 챙기느라 스스로를 돌보지 못하는 사람은 인문학적인 질문을 통해 '나는 왜 타인의 인정에 의존할까?'를 깨닫게 된다. 이런 깨달음이 쌓이면, 자신과 타인을 바라보는 눈이 한층 부드러워진다.

일상의 사소한 장면에서도 인문학은 작동한다. 예를 들어 친구와 카페에 앉아 대화를 나누다 보면, 대화의 주제보다 말하지 않은 침묵이 더 많은 의미를 담을 때가 있다. 상대의 표정이나 시선, 말투 속에서 우리는 감정을 읽어낸다. 이것이 바로 인간의 본질을 이해하는 과정이다. 인문학은 이런 감각을 훈련시키며, 세상을 조금 더 섬세하게 바라보게 한다.

인문학은 거창한 사상이 아니라, 인간답게 살기 위한 연습이다. 세상은 점점 빠르고 복잡해지고 있지만, 인문학은 그 속도를 늦추어 우리가 진짜 중요한 것을 놓치지 않도록 도와준다. 그것은 지식이 아니라 '사유하는 힘'이며, 남을 설득하기 위한 기술이 아니라 '공감하는 태도'다. 우리가 왜 웃고, 왜 화내고, 왜 사랑하는지를 이해할 때 비로소 인간의 본질에 가까워진다.

인문학은 책 속에 갇힌 학문이 아니라, 지금 당신의 삶 속에 이미 존재하고 있다. 커피를 고를 때, 대화를 나눌 때, 밤하늘을 올려다보며 잠시 생각에 잠길 때, 우리는 모두 인문학을 하고 있다. 세상을 보는 또 하나의 창을 여는 일, 그것이 인문학이 우리에게 주는 선물이다.

02
과학보다 느리지만 더 깊은 이유

우리는 빠른 세상에 익숙하다. 버튼 하나만 눌러도 음식이 배달되고, 검색창에 몇 글자만 입력해도 필요한 정보가 즉시 나온다. 현대 사회의 대부분은 '속도'를 중심으로 움직인다. 빠르게 배우고, 빠르게 일하고, 빠르게 결과를 얻는 것이 능력으로 여겨진다. 그런데 이런 시대일수록 인문학은 조금 다른 속도로 세상을 바라본다. 과학이 '어떻게'라는 질문을 던진다면, 인문학은 '왜'라는 질문을 던진다. 과학은 눈에 보이는 결과를 빠르게 보여주지만, 인문학은 마음속 깊은 곳의 이유를 천천히 찾아간다. 그래서 인문학은 언제나 느리지만, 그 느림 속에는 인간의 본질을 향한 깊은 사유가 숨어 있다.

과학은 세상을 설명하고 바꾸는 강력한 힘을 지녔다. 실험과 관찰을 통해 증명할 수 있는 사실을 모아 세상을 효율적으로 만든다. 예를 들어 스마트폰 하나만 봐도, 기술의 발전이 우리의 일상을 얼마나 바꿨는지를 실감할 수 있다. 손끝으로 세상의 모든 지식을 접할 수 있고, 몇 초 만에 지구 반대편 사람과 대화할 수도 있다. 하지만 이런 편리함 속에서도 사람들은 여전히 외로움을 느끼고, 공허함을 이야기한다. 아무리 기술이 발달해도 마음속의 문제는 과학으로 해결할 수 없는 것이다. 인문학은 바로 그 마음의 틈새를 들여다본다. 왜 우리는 이토록 편리한 세상 속에서도 행복하지 않은가, 왜 모든 것을 가졌는데도 여전히 불안한가, 이런 질문이 인문학의 출발점이다.

한 가지 사례를 들어보자. 한 회사에서 인공지능을 활용해 업무 효율을 높였다고 한다. 직원들은 처음엔 좋아했다. 반복적인 일이 줄어들었고, 생산성도 높아졌다. 하지만 시간이 지나자 이상한 변화가 생겼다. 직원들은 점점 서로 대화하지 않게 되었고, 팀워크가 약해졌다. '효율'이라는 목표는 달성했지만, 사람 사이의 관계가 무너진 것이다. 회사는 다시 고민하기 시작했다. '기계는 완벽하지만, 사람은 왜 점점 힘들어질까?' 이 문제는 기술로 해결되지 않았다. 오히려 서로의 이야기를 듣고, 감정을 이해하려는 시간이 필요했다. 바로 여기서 인문학의 가치는 드러난다. 인문학은 문제를 빠르게 해결하려 하지 않는다. 대신 그 문제를 만든 '인간의 마음'을 이해하려 한다.

과학은 세상을 바꾸지만, 인문학은 그 세상 속의 '사람'을 지켜준다. 과학은 눈에 보이는 결과를 다루지만, 인문학은 눈에 보이지 않는 생각과 감정을 탐구한다. 예를 들어 의학이 병을 치료한다면, 인문학은 아픈 사람의 마음을 이해하려 한다. 병실에 누워 있는 환자에게 '곧 나을 겁니다.'라는 말보다 '많이 힘드셨죠?'라는 말이 더 큰 위로가 되는 이유는, 인간은 단순한 생물학적 존재가 아니라 감정을 가진 존재이기 때문이다. 인문학은 이런 인간의 복잡함을 인정하고, 그 안에서 의미를 찾으려 한다.

또 하나의 흥미로운 예는 '시간'을 바라보는 방식에서 드러난다. 과학에서 시간은 절대적이다. 1초는 누구에게나 같고, 시계는 언제나 정확하게 흘러간다. 그러나 인문학에서 시간은 상대적이다. 같은 1분이라도 기다리는 사람에게는 길고, 사랑하는 사람과 함께 있는 사람에게는 짧다. 즉, 인문학은 인간이 경험하는 '주관적인 시간'을 이야기한다. 그래서 인문학은 느리다. 하지만 그 느림은 불편함이 아니라, 인간의 감정과 사고가 자연스럽게 흘러갈 수 있도록 하는 여유다.

우리는 종종 '빠름'이 '좋음'이라고 착각한다. 그러나 인문학은 묻는다.

"정말 빠를수록 좋은 걸까?"

실제로 빠른 정보 속에서도 우리는 종종 중요한 것을 놓친다. 예를 들어 뉴스를 훑듯이 읽다 보면, 사건의 맥락이나 사람의 이야기는 사라지고 숫자와 통계만 남는다. 인문학은 그 숫자 뒤의 사람을 본다. 한 문장의 기사에도 누군가의 삶과 감정이 숨어 있음을 기억하게 한다. 이런 시선이야말로 인문학이 과학보다 느리지만 깊은 이유다.

한 심리 실험에서도 비슷한 결과가 있었다. 참가자들에게 1분 동안 화면에 비치는 단어를 빠르게 읽게 했을 때보다, 천천히 읽게 했을 때 내용을 더 오래 기억하고, 감정적으로 공감하는 정도도 높았다. 빠름은 정보를 전달하지만, 느림은 의미를 남긴다. 인문학이 천천히 사유하는 이유는 바로 그 의미를 붙잡기 위해서다. 세상을 이해하는 방법에는 두 가지가 있다. 하나는 수치를 통해 설명하는 방식이고, 다른 하나는 이야기를 통해 느끼는 방식이다. 과학이 전자를 맡는다면, 인문학은 후자를 담당한다.

과학이 '어떻게 비가 내리는가?'를 설명할 때, 인문학은 '비를 맞는 사람의 마음은 어떤가?'를 묻는다. 과학은 사실을 다루고, 인문학은 그 사실이 인간에게 어떤 의미를 가지는지를 생각한다. 그래서 인문학은 더디지만, 인간의 삶을 더 깊게 비춘다. 예를 들어 하늘에서 비가 내릴 때 과학은 기압과 수증기의 응결을 말하지만, 인문학은 그 빗소리를 들으며 떠오르는 추억과 감정에 주목한다. 이런 차이가 바로 인문학이 세상을 바라보는 방식이다.

인문학은 과학처럼 빠른 답을 주지 않는다. 대신 오래 생각하게 만들고, 스스로 답을 찾아가게 한다. 그 과정이 느리다고 해서 쓸모없는 것이 아니다. 오히려 그 느림 속에서 인간은 자신을 돌아보고, 세상을 깊이 이해한다. 과학이 우리에게 '편리함'을 준다면, 인문학은 '의미'를 준다. 편리함은 삶을 단축시키지만, 의미는 삶을 풍요롭게 만든다.

지금 우리가 사는 세상은 기술과 속도로 가득 차 있다. 하지만 속도만으로는 방향을 알 수 없다. 인문학은 그 방향을 알려주는 나침반이다. 조금 느리더라도 제대로 가기 위해 필요한 것이 바로 인문학의 사유다. 눈앞의 효율보다 마음의 깊이를 중시할 때, 인간은 비로소 인간답게 살아갈 수 있다. 그래서 인문학은 과학보다 느리지만, 그 느림은 단단한 뿌리처럼 우리 삶을 지탱한다. 세상을 더 빠르게 아는 것도 좋지만, 가끔은 멈춰서 '왜'라는 질문을 던져보자. 그 한마디 질문이 우리를 더 깊은 이해로 이끌 것이다. 인문학은 바로 그 '왜'에서 시작되고, 그 느림 속에서 진짜 인간의 모습을 발견하게 된다.

03
인간에 대한 탐구가 왜 중요한가?

세상은 점점 더 '기계처럼' 돌아가고 있다. 알고리즘이 우리의 선택을 대신하고, 데이터가 우리의 취향을 예측하며, 효율이 모든 가치의 기준이 되는 시대다. 그런데 이런 세상일수록 사람들은 이상하게도 점점 더 '인간적인 것'을 그리워한다. 누군가의 진심 어린 말 한마디, 이해받는 느낌, 관계 속의 따뜻함이 그 어느 때보다 소중하게 느껴진다. 인간에 대한 탐구가 중요한 이유는 여기에 있다. 세상이 아무리 복잡해지고 기술이 아무리 발달해도, 인간의 마음은 여전히 이해하기 어렵고 예측할 수 없기 때문이다. 인문학은 바로 이 '이해할 수 없는 인간'을 이해하려는 시도이며, 그 과정 속에서 우리가 인간으로서 살아가는 이유를 다시 묻게 만든다.

인간에 대한 탐구는 단순한 호기심이 아니라 '삶의 근본'을 묻는 과정이다. 왜 우리는 기쁘고, 슬프고, 화내고, 사랑하는가. 왜 누군가는 성공해도 허무함을 느끼고, 누군가는 작은 일에도 감동을 받는가. 이런 감정의 이유를 과학적으로만 설명할 수는 없다. 인간은 논리로만 움직이지 않기 때문이다. 한 사람의 행동에는 수많은 경험과 기억, 그리고 보이지 않는 감정의 층이 쌓여 있다. 인문학은 그 층을 하나하나 살펴보며 인간이란 존재의 복잡한 구조를 이해하려고 한다.

예를 들어 같은 영화를 보고도 어떤 사람은 눈물을 흘리고, 어떤 사람은 별 감흥이 없다고 말한다. 그 차이는 단순히 취향 때문이 아니다. 영화 속 장면이 자신이 겪었던 경험이나 기억과 연결되기 때문이다. 인문학은 이런 차이를 통해 '공감'의 본질을 탐구한다. 사람은 타인의 이야기를 들으면서 자기 자신의 경험을 떠올리고, 그 과정에서 감정의 유대를 느낀다. 인간에 대한 탐구란 결국 이런 공감의 연결고리를 찾는 일이다. 공감은 단순한 감정이 아니라 인간이 서로를 이해하고 함께 살아가기 위한 가장 근본적인 능력이다.

한 대기업에서는 새로운 경영 방식을 도입하기 위해 데이터를 기반으로 직원들의 행동을 분석했다. 출퇴근 시간, 메신저 사용 빈도, 회의 참여율 등을 수치화해 효율을 높이고자 했다. 하지만 예상과 달리 조직의 분위기는 점점 나빠졌다. 업무 효율은 잠시 올랐지만, 직원들 사이의 신뢰와 소통이 줄어든 것이다. 이후 회사는 '사람을 다시 이해해야 한다.'는 결론을 내리고, 서로의 이야기를 듣는 시간을 만들었다. 숫자 뒤에 숨겨진 감정과 생각을 알아야 진짜 변화가 가능하다는 것을 깨달은 것이다. 인간을 탐구한다는 건 바로 이런 의미다. 보이지 않는 마음의 세계를 이해하려는 노력은 어떤 기술보다 오래가고, 어떤 시스템보다 강력하다.

인간에 대한 이해가 중요한 또 다른 이유는 '나 자신'을 아는 것과 연결되기 때문이다. 우리는 흔히 세상을 바꾸려 하지만, 사실 세상을 바꾸는 힘은 자기 자신을 이해하는 데서 나온다. 왜 나는 어떤 상황에서 쉽게 불안해지고, 왜 누군가의 한마디에 상처받는가. 이런 질문을 던지는 순간, 우리는 내면의 나를 마주하게 된다. 인문학은 그 질문의 길잡이다. 한 직장인은 늘 '나는 왜 이렇게 결정이 느릴까?'를 고민했다. 하지만 자신을 돌아보니, 그는 늘 '틀리지 않으려는 두려움' 때문에 머뭇거렸다는 걸 깨달았다. 그 깨달음이 자신을 바꾸는 시작이었다. 인간에 대한 탐구는 자신을 이해함으로써 세상을 조금 더 부드럽게 바라보게 만드는 힘이다.

또 다른 사례를 보자. 어느 심리 실험에서 참가자들에게 낯선 사람의 사진을 보여주고 '이 사람의 감정을 맞혀보라.'고 했다. 짧은 시간 안에 대부분이 놀라울 정도로 정확하게 상대의 감정을 읽어냈다. 인간은 언어보다 표정과 시선, 분위기를 통해 타인의 마음을 이해한다. 즉, 인간을 탐구한다는 것은 단순히 머리로 아는 것이 아니라, 마음으로 느끼는 일이다. 우리는 늘 타인의 감정을 읽고, 이해하고, 그에 맞게 행동한다. 이것이 인간의 본능이자 사회를 유지하게 하는 힘이다.

과거의 문명도 결국 인간에 대한 탐구의 결과였다. 예술은 인간의 감정을 그림과 음악으로 표현했고, 철학은 인간의 존재 이유를 물었다. 문학은 인간의 삶을 이야기로 담아냈고, 역사 역시 인간의 선택과 결과를 기록했다. 이렇게 보면 인문학은 '인간의 흔적'을 모아온 기록이자, 우리가 어떤 존재인지 알려주는 거울이다. 기술이 발전할수록 사람들은 이 거울을 더 자주 들여다봐야 한다. 왜냐하면 기술은 인간의 외부를 바꾸지만, 인문학은 인간의 내부를 바꾸기 때문이다.

요즘 사람들은 바쁘게 살면서도 자주 '사는 게 왜 이렇게 허무할까?'를 묻는다. 이 질문은 현대 사회가 잃어버린 '인간 탐구의 감각'을 보여준다. 우리는 할 일은 많고, 정보는 넘치지만, 자신을 이해할 시간은 점점 줄어든다. 그래서 인문학은 우리에게 멈춤을 권한다. 잠시 멈춰 자신을 들여다볼 때, 비로소 진짜 의미를 찾을 수 있다. 그것이 인간 탐구의 시작이자, 행복의 출발점이다.

인문학은 인간을 이해하려는 가장 오래된 시도이며, 여전히 가장 필요한 시도다. 인간을 아는 일은 단순한 호기심이 아니라, 우리가 어떻게 살아가야 하는가를 묻는 일이다. 세상이 아무리 빠르게 변해도, 인간의 마음은 느리고 복잡하다. 그 마음을 이해하지 못하면, 어떤 발전도 결국 불안 위에 세워진 탑처럼 흔들릴 수밖에 없다.

인문학은 인간의 내면을 비추는 거울이다. 그 거울을 통해 우리는 자신을 보고, 타인을 이해하며, 세상을 새롭게 바라보게 된다. 인간에 대한 탐구는 결코 끝나지 않는 여정이다. 하지만 그 여정 속에서 우리는 조금씩 더 성숙해지고, 더 너그러워진다. 인간을 이해하려는 노력, 그것이야말로 진짜 인문학의 시작이며, 우리가 인간답게 살아가기 위한 가장 깊은 이유다.

04
질문이 생각을 만든다

인문학의 시작은 언제나 '질문'에서 비롯된다. 세상의 모든 지식은 누군가의 '왜?'라는 단순한 호기심에서 출발한다. 우리가 어릴 때 세상을 처음 배우는 방식도 질문이었다.
"하늘은 왜 파랄까?", "사람은 왜 울까?", "시간은 왜 흘러갈까?"
아이의 눈으로 보면 모든 것이 신비롭고 궁금하다. 하지만 어른이 되면 우리는 점점 질문을 잃어버린다. 정답을 아는 것이 중요해지고, 질문을 던지는 건 비효율적이라 여겨진다. 학교에서도, 회사에서도, '정답을 맞히는 능력'이 평가받는다. 그러나 인문학은 정답보다 질문을 더 중요하게 여긴다. 질문이 없으면 생각이 멈추고, 생각이 멈추면 성장이 멈추기 때문이다. 질문은 단순한 궁금증이 아니라, 세상을 다르게 바라보게 만드는 출발점이다.

우리가 던지는 질문의 수준이 곧 우리의 생각의 깊이를 결정한다.

예를 들어 '오늘 날씨는 왜 이럴까?'라는 질문은 일상적이지만, '기후가 이렇게 변하면 우리의 삶은 어떻게 바뀔까?'라는 질문은 사고의 방향을 넓힌다. 전자는 현재의 상태를 묻고, 후자는 그 현상 뒤의 원인을 찾는다. 질문은 이렇게 생각의 층을 만들어준다. '무엇을 보느냐'보다 '어떻게 묻느냐'가 사고의 질을 바꾼다. 그래서 인문학은 끊임없이 묻는다. '이것이 당연한가?', '왜 우리는 이렇게 행동하는가?', '다른 방식은 없을까?' 이런 질문이야말로 생각을 확장시키는 가장 강력한 힘이다.

한 번은 한 초등학교 선생님이 아이들에게 수업 중 이런 질문을 던졌다.

"만약 지구에 중력이 없다면 어떻게 될까?"

아이들은 손을 번쩍 들고 자유롭게 상상했다.

"모두 하늘로 떠올라요!", "집이 공중에 떠서 매달려 있을 거예요!", "축구공이 날아가서 다시 안 돌아올 거예요!"

선생님은 정답을 알려주지 않았다. 대신 아이들이 떠올린 상상들을 이어가며 '그럼 밥은 어떻게 먹을까?', '잠은 어디서 잘까?'를 물었다. 아이들은 웃으며 토론을 이어갔다. 바로 이 순간이 인문학의 순간이다. 단 하나의 정답보다 수많은 생각이 피어나는 과정, 그것이 사고의 힘이다. 질문이 만들어낸 자유로운 상상력은 결국 새로운 아이디어와 발견의 씨앗이 된다.

질문은 세상을 단순히 '아는 것'에서 '이해하는 것'으로 바꾼다. '아는 것'은 이미 정해진 지식을 습득하는 것이지만, '이해하는 것'은 그 지식을 자기 것으로 소화하는 과정이다. 예를 들어 '행복이란 무엇일까?'라는 질문은 단순히 심리학적인 정의를 찾는 것이 아니라, 자신의 경험 속에서 그 의미를 다시 해석하게 만든다. 누군가에게 행복은 조용한 오후의 커피 한 잔일 수 있고, 또 다른 사람에게는 도전과 성취의 순간일 수 있다. 같은 단어라도 질문을 던질 때마다 새로운 의미가 생긴다. 인문학이 질문을 중요하게 여기는 이유는 바로 여기에 있다. 질문은 '생각의 문'을 열어 새로운 관점으로 세상을 바라보게 만든다.

질문은 또한 인간을 성장하게 한다. 많은 사람들이 인생에서 방향을 잃는 이유는 '왜 사는가?', '무엇을 원하는가?'라는 질문을 스스로에게 던지지 않기 때문이다. 우리는 늘 해야 할 일과 해야만 하는 일에 쫓기지만, 정작 '나는 무엇을 좋아하는가?'를 묻는 일에는 서툴다. 예를 들어 한 직장인이 매일 반복되는 업무에 지쳐 '나는 왜 이 일을 하고 있을까?'라고 스스로에게 물었다. 처음엔 그 질문이 불편했지만, 곧 자신이 '안정'이라는 이유로 좋아하지 않는 일을 붙잡고 있었다는 사실을 깨달았다. 그 깨달음이 그를 새로운 길로 이끌었다. 질문은 불편하지만, 그 불편함이 우리를 더 나은 곳으로 움직이게 한다.

질문은 또한 관계를 깊게 만든다. 우리는 흔히 '대화'를 말한다고 생각하지만, 진짜 대화는 묻는 데서 시작된다. 친구가 힘들다고 말할 때 '그래, 힘들겠다.'라고 말하는 것보다 '무슨 일이 있었어?'라고 묻는 것이 더 큰 위로가 된다. 질문은 상대를 이해하려는 태도다. 상대가 누구인지, 어떤 생각을 하는지 알고 싶을 때 필요한 건 조언이 아니라 질문이다. 그래서 질문은 공감의 첫걸음이며, 관계를 이어주는 다리다.

과거의 위대한 사상가들도 질문에서 출발했다. '나는 누구인가?', '세상은 어떻게 존재하는가?', '삶의 목적은 무엇인가?' 같은 질문은 단지 철학적인 사유를 위한 것이 아니라, 인간이 살아가는 이유를 찾기 위한 고백이었다. 질문이 위대한 이유는 답을 찾기 위해서가 아니라, 그 과정에서 스스로를 발견하게 만들기 때문이다. 답은 언젠가 잊히지만, 질문은 평생 남는다.

일상의 작은 상황에서도 질문은 생각을 바꾼다. 예를 들어 출근길 지하철에서 옆 사람이 휴대폰을 보며 웃고 있을 때 우리는 그냥 스쳐 지나간다. 하지만 '저 사람은 왜 웃고 있을까?'라고 생각하는 순간, 우리의 시선은 달라진다. 그 웃음 뒤에는 즐거운 대화가 있을 수도 있고, 오랜만에 본 반가운 소식이 있을 수도 있다. 질문은 타인의 삶을 상상하게 만들고, 그 상상이 곧 공감이 된다. 작은 궁금증 하나가 세상을 더 따뜻하게 만든다.

또 하나의 흥미로운 예는 '질문이 발명을 낳는다.'는 점이다. 우리가 매일 사용하는 물건들 대부분은 '왜 이렇게 불편할까?'라는 질문에서 시작됐다. 전구는 어둠 속에서 '빛이 있었으면'하는 욕구의 질문으로, 전화기는 '먼 곳의 사람과 어떻게 이야기를 나눌 수 있을까?'라는 궁금증으로 탄생했다. 질문이 없었다면 세상은 지금보다 훨씬 단조로웠을 것이다. 질문은 곧 인간의 창조력이다. 인문학은 이 창조력을 자극하며, 단순한 지식이 아닌 '사유하는 힘'을 길러준다.

질문을 던진다는 건 세상에 순응하지 않겠다는 뜻이기도 하다. '왜?'라고 묻는 순간, 우리는 '그렇게 해야 한다.'는 사회의 고정관념에서 벗어난다. 예를 들어 한 학생이 '공부는 왜 해야 해요?'라고 묻는다면 어른들은 대개 '그래야 성공하지.'라고 답한다. 하지만 아이는 거기서 멈추지 않고 다시 묻는다.

"성공이란 뭔데요?"

그 질문이 바로 인문학의 시작이다. 정답을 향해 가는 것이 아니라, 스스로 사고의 방향을 만들어가는 것이다.

질문은 생각의 씨앗이다. 질문이 사라진 곳에서는 생각도 자라지 않는다. 빠른 답을 요구하는 시대일수록 질문의 가치는 더욱 커진다. 질문은 불안을 낳기도 하지만, 동시에 성장의 기회를 만든다. 우리는 질문을 통해 세상을 배우고, 자신을 이해하며, 타인을 공감한다.

인문학은 끊임없이 묻는 학문이다. 왜 살아야 하는가, 어떻게 살아야 하는가, 무엇이 옳은가. 이런 질문들이 인간을 인간답게 만든다. 질문은 답을 얻기 위한 도구가 아니라, 더 넓은 세계를 향한 창문이다. 질문이 깊어질수록 세상을 보는 눈도 깊어진다. 그러니 질문을 두려워하지 말자. 그 질문 하나가 당신의 생각을 바꾸고, 당신의 삶을 새롭게 만들 것이다. 인문학은 바로 그 '묻는 용기'에서 시작된다.

05
생각하는 인간, 호모 사피엔스의 탄생

인간은 스스로를 '생각하는 존재'라고 부른다. 수많은 생명체 중에서 오직 인간만이 '나는 누구인가?', '왜 살아야 하는가?', '무엇이 옳은가?'를 묻는다. 이 질문을 던지는 능력이야말로 인간을 다른 생명체와 구별짓는 가장 큰 특징이다. 고대 인류가 불을 사용하고 도구를 만들던 시절에도, 인간은 단순히 생존을 위해 움직이지 않았다. 하늘의 별을 올려다보며 그 의미를 궁금해했고, 바람에 흔들리는 풀잎 속에서도 나름의 질서를 느꼈다. 그런 '생각하는 습관'이 쌓이며 인간은 문명이라는 거대한 길을 걸어왔다. 인간이 단순히 '사는 존재'에서 '생각하는 존재'로 바뀌던 그 순간, 다시 말해 '호모 사피엔스'라는 이름이 탄생하던 그 지점에 인문학의 출발이 있다.

'호모 사피엔스'라는 말은 '지혜로운 인간'이라는 뜻이다. 하지만 이 '지혜'는 단순한 똑똑함이 아니다. 계산하거나 외우는 능력이 아니라, 스스로를 성찰하고 세상을 이해하려는 능력이다. 인간이 다른 동물과 달라진 시점은 바로 이 '생각의 깊이'가 생겼을 때다. 예를 들어 초기 인류가 사냥을 나설 때, 단순히 먹을 것을 찾는 행위에서 벗어나 '내일은 비가 올지도 몰라, 다른 길로 가야겠다.'라고 예측하고 계획을 세웠을 때, 그들은 단순한 본능을 넘어선 존재가 되었다. 인간은 자신이 보고 느낀 것을 넘어 '상상'할 줄 알게 되었고, 그 상상은 곧 문화와 언어, 예술의 씨앗이 되었다.

사람이 생각을 하기 시작했다는 것은 단순히 두뇌의 진화 때문만은 아니다. 불안, 두려움, 사랑, 연민 같은 감정이 생기며 인간은 '자신의 존재'를 의식하게 되었다. 예를 들어 원시 시대의 벽화를 떠올려보자. 사냥터의 장면을 그린 그림 속에는 단순한 기록 이상의 것이 담겨 있다. 먹잇감을 잡는 방법을 남긴 것이 아니라, '나는 살아 있다.', '이 순간을 남기고 싶다.'는 인간의 의식이 담겨 있다. 그림은 인간이 처음으로 자기 자신을 밖으로 표현한 결과였다. 이는 인간이 생각을 시각화할 줄 아는 존재로 변화했다는 증거다. 인간은 단지 사는 데 그치지 않고, 자신이 살아 있다는 사실의 의미를 생각하기 시작했다.

'생각하는 인간'의 탄생은 또한 협력의 시작이었다. 동물은 본능적으로 무리를 이루지만, 인간은 그 무리에 '이유'를 부여했다. '우리가 함께해야 살아남을 수 있다.', '너와 나는 다르지만 서로 도움이 된다.'라는 인식이 생긴 것이다. 이러한 사고는 사회를 만들고 문화를 성장시켰다. 실제로 인류학 연구에 따르면, 호모 사피엔스는 같은 시대의 다른 종보다 '공감 능력'과 '협력 능력'이 뛰어났다. 그들은 언어를 통해 생각을 공유했고, 이야기를 통해 공동체를 형성했다. 즉, 생각이 언어를 만들고, 언어가 다시 생각을 키우는 순환이 시작된 것이다.

현대 사회에서도 인간의 본질은 여전히 '생각하는 존재'로 이어진다. 예를 들어 스마트폰이 등장하면서 우리는 세상을 훨씬 빠르게 이해할 수 있게 되었지만, 역설적으로 '스스로 생각하는 힘'은 약해지고 있다. 검색창에 모든 답이 있으니, 우리는 점점 스스로 묻지 않게 된다. 하지만 인문학은 이렇게 묻는다.

"우리가 생각하지 않는다면, 인간은 여전히 인간일까?"

인간을 인간답게 만드는 것은 '생각의 속도'가 아니라 '생각의 방향'이다. 빠르게 결론을 내리는 대신, 천천히 사유하며 본질을 이해하려는 태도, 그것이 호모 사피엔스가 지금까지 살아남은 이유다.

이 '생각의 힘'은 단순한 지적 활동이 아니라 생존의 방식이기도 했다. 예를 들어 과거에 갑작스러운 기후 변화나 새로운 환경이 닥쳤을 때, 인간은 단순히 도망치지 않았다. '이 변화는 왜 일어났을까?', '이 상황에서 우리가 할 수 있는 일은 무엇일까?'라는 질문을 던졌다. 이런 사유의 과정이 바로 '지혜'였다. 실제로 고고학적으로 보면, 인간은 같은 환경 속에서도 늘 적응하고, 새로운 방법을 찾아냈다. 그것은 체력이 아니라 생각이 만든 진화였다.

생각하는 능력은 감정과도 연결되어 있다. 인간은 단순히 논리적으로만 사고하지 않는다. 사랑할 때, 슬플 때, 화날 때조차 우리는 생각한다. 감정이 생각을 이끌고, 생각이 감정을 다스린다. 예를 들어 사랑하는 사람이 멀리 떠났을 때, 동물은 단순히 슬퍼하거나 울 뿐이지만, 인간은 그 슬픔을 노래로 만들고, 시로 남긴다. 슬픔을 표현하는 과정에서 인간은 자신의 감정을 이해하고, 다른 사람의 감정과 연결된다. 생각은 단순한 두뇌 활동이 아니라, 감정과 기억, 상상력이 함께 어우러지는 인간의 종합적인 능력이다.

또한 인간은 생각을 통해 '미래'를 만든다. 다른 생명체들은 현재를 살아가지만, 인간은 내일을 상상하고, 미래를 준비한다. 이것이 인간의 진정한 힘이다. 불확실한 미래를 불안해하면서도, 동시에 그 불안 속에서 새로운 길을 찾는다. 농경의 시작도, 도시의 탄생도 모두 미래를 향한 상상에서 비롯되었다. '내일 먹을 것이 없으면 어쩌지?'라는 단순한 걱정이 '그렇다면 지금 저장해두자.'라는 생각으로 바뀌면서 인류의 역사가 시작된 것이다. 인간은 불안을 피하지 않고, 그 불안을 사유로 전환시켜 진화를 이끌었다.

오늘날에도 우리는 여전히 '생각하는 인간'으로 살아간다. 하지만 생각의 형태는 달라졌다. 정보가 넘치는 시대일수록 우리는 '깊이 있는 생각'을 하기 어렵다. 빠른 판단과 즉각적인 반응이 중요시되면서, 진짜 사유는 뒷전으로 밀린다. 그러나 인문학은 말한다. 생각하는 인간으로 존재하기 위해서는 '잠시 멈춤'이 필요하다고. 잠시 멈추어 자신의 마음을 들여다보고, 타인의 입장에서 세상을 바라볼 때 비로소 생각은 깊어진다. 생각은 단순히 머리로 하는 일이 아니라, 마음으로 세상을 이해하는 과정이다.

인간은 단순히 생존하는 존재가 아니라, '의미를 찾는 존재'다. 도구를 만든 손보다 더 중요한 것은 그것을 만들게 한 생각이다. 생각이 인간을 문명으로 이끌었고, 언어를 낳았으며, 예술을 탄생시켰다. 인간은 생각을 통해 자신을 구별하고, 세상과 관계를 맺으며, 미래를 상상할 수 있었다. 그것이 바로 '호모 사피엔스'라는 이름의 진짜 의미다.

생각하는 인간으로 살아간다는 것은 단순히 많이 아는 것이 아니라, 삶의 이유를 묻고 스스로 답을 찾아가는 일이다. 인문학은 우리에게 이렇게 말한다.

"생각하는 힘을 잃지 말라, 그것이 인간을 인간답게 만든다."

눈앞의 효율보다 질문을, 속도보다 깊이를, 경쟁보다 이해를 택할 때 우리는 진정한 호모 사피엔스가 된다. 인간의 역사는 곧 생각의 역사이며, 앞으로의 미래 또한 생각하는 인간이 만들어갈 것이다.

일상에서 피어나는 인문학

커피 한 잔에도 철학이 있다

아침의 공기는 아직 덜 깨어 있고, 사람들의 발걸음은 바쁘게 엇갈린다. 커피 향이 가게 문을 넘어 골목길까지 퍼진다. 누군가는 서둘러 테이크아웃 컵을 받아 들고, 누군가는 창가 자리에 앉아 한참을 바라보다가 조용히 한 모금 마신다. 카페의 풍경은 언제나 비슷하지만, 그 안에는 수많은 '다른 하루'가 숨어 있다. 어떤 사람은 하루를 시작하기 전의 의식을 치르듯 커피를 마시고, 어떤 사람은 잠시의 위로를 찾기 위해 커피잔을 손에 쥔다. 누군가에게 커피는 단순한 음료지만, 또 다른 누군가에게는 생각을 시작하게 하는 버튼 같은 존재다. 커피 한 잔을 마시는 짧은 시간 속에서도 사람은 자신을 돌아보고, 세상을 잠시 멈추어 바라본다. 우리는 커피를 마시며 쉬는 게 아니라, 그 순간에 '나'를 찾고 있는지도 모른다.

커피는 단순히 피로를 깨우는 음료가 아니라, 현대인이 세상과 타협하는 방식 중 하나다. 누군가에게 커피는 '하루를 견디게 하는 연료'이고, 누군가에게는 '자기만의 작은 공간'을 의미한다. 흥미로운 건 커피를 마시는 행위 속에 이미 철학적인 선택이 숨어 있다는 점이다. 진한 아메리카노를 선택하는 사람은 복잡한 하루를 단단히 버티겠다는 의지를, 부드러운 라떼를 고르는 사람은 잠시의 여유와 따뜻함을 바라는 마음을 드러낸다. 우리는 매일 무심코 선택하지만, 그 선택 속에는 '오늘의 나'를 드러내는 무의식이 깃들어 있다. 커피 한 잔은 결국 '나라는 사람'을 이해하는 작은 거울이 된다.

사람은 반복되는 일상 속에서도 늘 의미를 찾고자 한다. 커피는 그 반복을 조금은 특별하게 만들어주는 매개다. 바쁜 출근길에도, 회의 전 짧은 휴식에도, 우리는 커피를 통해 잠시 멈춘다. 그 멈춤 속에서 생각이 피어난다.

"오늘은 왜 이렇게 피곤할까?"

"나는 왜 이 일을 하고 있을까?"

사소한 생각들이 커피 향과 함께 떠오른다. 인문학은 바로 이런 순간을 놓치지 않는다. 세상을 거창하게 해석하기보다, 평범한 일상에서 '왜'라는 질문을 발견하는 일, 그것이 인문학의 시작이기 때문이다.

커피 한 잔에는 시간의 속도와 인간의 마음이 함께 녹아 있다. 카페에서 바라보는 사람들의 얼굴은 제각각이다. 노트북 앞에 앉아 집중하는 사람, 친구와 웃으며 대화하는 사람, 창밖을 보며 생각에 잠긴 사람, 모두 커피를 사이에 두고 자기만의 세계를 지키고 있다. 흥미롭게도 그들은 서로 아무런 대화를 나누지 않아도, 같은 향기와

공기를 공유한다. 이 조용한 공존 속에서 우리는 사회적 존재로서의 인간을 다시 느낀다. 인문학은 이 순간을 '타인과의 공존'이라고 부른다. 함께 있지만 간섭하지 않고, 다르지만 나란히 존재하는 관계의 미학이다.

한 사회심리 연구에서는 커피를 마시는 사람들의 행동을 관찰했는데, 커피를 손에 들고 있을 때 사람들은 무의식적으로 '조금 더 느리게' 걷는다고 한다. 이유는 단순하다. 뜨거운 커피를 쏟지 않기 위해 자연스럽게 속도를 늦추기 때문이다. 하지만 이 느림 속에는 아이러니한 깨달음이 있다. 우리는 커피를 들고서야 비로소 세상의 속도를 조절한다. 평소엔 쫓기듯 살아가다가도 커피를 들면 잠시 숨을 고른다. 그래서 커피는 '현대의 명상 도구'라 불리기도 한다. 짧은 시간이라도 커피를 마시는 동안 우리는 생각의 속도를 되찾는다.

생각한다는 건 단지 문제를 해결하는 게 아니라, 자신을 돌아보는 일이다. 커피를 마시며 스스로에게 묻는다.

"나는 오늘 어떤 마음으로 살고 있지?"

"이 향이 이렇게 좋았던 적이 있었나?"

이런 사소한 질문들이 우리의 내면을 흔든다. 인문학은 바로 이런 순간을 포착한다. 무심한 습관 속에서도 인간은 끊임없이 의미를 만들고, 그 의미 속에서 자신을 다시 정의한다. 커피를 마시는 행동은 단순한 루틴이지만, 그 루틴이 쌓여 하나의 사유가 된다.

한 철학자는 '인간은 생각하는 존재이기 때문에, 일상의 사소한 행동에도 의미를 부여한다.'고 말했다. 실제로 커피 한 잔에는 인간의 심리, 사회, 문화가 모두 녹아 있다. 커피를 함께 마시는 자리는 관계의 시작이 되고, 혼자 마시는 커피는 사유의 시간이 된다. 누군가와 마주 앉아 나누는 커피는 대화를 위한 핑곗거리이지만, 혼자 마시는 커피는 자신과의 대화다. 둘 다 인간이 관계를 맺고, 자신을 이해하기 위한 방식이라는 점에서 같다. 결국 커피는 '생각하는 인간의 상징'이다.

커피 한 잔은 단순히 습관이 아니라, 스스로를 돌아보는 의식이다. 사람들은 커피를 통해 자신을 조율하고, 세상과의 거리를 조절한다. 누군가는 커피 한 잔으로 하루를 시작하고, 또 누군가는 커피 한 잔으로 하루를 마무리한다. 그 안에는 수많은 감정과 사유가 스며 있다. 커피를 마시며 잠시 멈추는 그 짧은 시간은 우리에게 말한다.

"지금 이 순간을 느껴보라."

인문학은 거창한 이론이 아니라, 바로 이런 '생활의 철학'을 발견하는 일이다. 커피 한 잔에도 철학이 있다. 왜냐하면 그 안에는 인간의 생각, 선택, 감정, 그리고 관계가 모두 녹아 있기 때문이다. 커피를 내리는 손끝, 향을 맡는 순간, 첫 모금의 따뜻함 속에서 인간은 자신이 살아 있음을 느낀다. 그리고 그 감각이 바로 사유의 시작이 된다.

따뜻한 커피를 마시는 동안 세상은 여전히 복잡하지만, 마음은 잠시 고요해진다. 그 짧은 고요 속에서 우리는 깨닫는다. 생각은 거창한 공부가 아니라, 이렇게 일상의 작은 순간에서 피어나는 것임을. 커피 한 잔은 인간이 자신에게 건네는 가장 조용한 질문이다.

"오늘의 나는 어떤 생각을 하고 있지?"

인문학은 그 질문에 답하기보다, 그 질문이 계속 살아 있도록 지켜주는 일이다. 커피의 향이 사라져도 그 여운은 남는다. 그 여운 속에서 인간은 다시 생각하기 시작한다. 그것이 바로, 커피 한 잔에 담긴 철학의 깊이다.

02
엘리베이터 안의 어색한 침묵

아침 출근길, 회사 건물 로비의 엘리베이터 앞에는 이미 몇 명이 줄지어 서 있다. 각자의 손에는 커피 한 잔이나 스마트폰이 들려 있고, 누구도 말을 걸지 않는다. 문이 열리면 사람들은 자연스럽게 순서대로 탄다. '몇 층이세요?'라는 말조차 거의 없다. 버튼이 눌리고 문이 닫히면, 그 좁은 공간 안에 갑자기 정적이 흐른다. 누군가는 휴대폰을 내려다보고, 누군가는 숫자가 변하는 표시등만 뚫어지게 바라본다. 아주 짧은 30초지만 그 안에는 묘한 긴장감이 흐른다. 서로의 존재를 의식하면서도, 아무 일도 일어나지 않기를 바라는 침묵이 흐른다. 엘리베이터 안의 공기는 늘 조금은 답답하고 어색하다. 말 한마디 없어도 서로가 너무 가까이 있기 때문이다. 그 짧은 시간은 어쩌면 우리가 사회 속에서 타인과 공존하는 가장 압축적인 장면일지도 모른다.

엘리베이터 안의 침묵은 단순한 어색함이 아니다. 그것은 '사회적 거리'를 본능적으로 계산하는 인간의 심리적 반응이다. 인간은 본능적으로 일정한 거리를 유지하려는 욕구를 가지고 있다. 너무 가까우면 불편하고, 너무 멀면 외롭다. 엘리베이터는 이 두 감정이 동시에 작동하는 공간이다. 타인과의 거리를 물리적으로 좁히지만, 심리적으로는 최대한 멀리 떨어지고 싶어진다. 그래서 사람들은 시선을 피하고, 휴대폰 화면을 들여다보며 마음의 공간을 확보한다. 이는 단순한 습관이 아니라, 불편한 상황을 피하려는 인간의 방어기제다.

어떤 사회심리 연구에서는 흥미로운 결과가 나왔다. 낯선 사람과 좁은 공간에 있을 때 사람들은 평균적으로 말을 하지 않는 대신, 시선을 회피하거나 미소로 대신한다고 한다. 침묵이 오히려 서로를 불편하지 않게 만드는 일종의 '예의'가 된 것이다. 엘리베이터 안의 침묵은 '불편함을 피하기 위한 집단의 합의'라고 할 수 있다. 즉, 서로를 무시하는 것이 아니라, 서로를 존중하기 위한 일종의 사회적 약속이다.

그런데 가만히 생각해보면 이 침묵은 현대 사회의 인간관계를 닮았다. 우리는 사람들 속에서 늘 함께 있지만, 진짜로 연결되어 있지는 않다. 회사에서, 학교에서, 심지어 친구들 사이에서도 '불필요한 말은 하지 말자.'는 암묵적인 규칙이 존재한다. 효율과 깔끔함이 미덕으로 여겨지는 시대에서 침묵은 안전하다. 말을 잘못하면 오해받고, 감정을 드러내면 불편해질 수 있기 때문이다. 그래서 우리는 엘리베이터 안의 사람들처럼 '침묵 속의 거리'를 선택한다. 하지만 그 침묵이 반복될수록, 인간은 점점 더 고립된다.

엘리베이터 안에서 말을 걸어본 적이 있는가. '몇 층 가세요?'같은 사소한 한마디에도 공기의 흐름이 달라진다. 잠시 시선이 마주치고, 짧은 미소가 오간다. 그때의 분위기는 이상하게 따뜻하다. 아무 말 없이 올라가는 것보다 훨씬 부드럽고 인간적이다. 우리는 그 짧은 순간에도 관계를 맺을 수 있다는 사실을 잊고 산다. 인간은 사회적 동물이기에, 완전한 고독 속에서는 결코 편안할 수 없다. 엘리베이터 안의 침묵이 어색하게 느껴지는 이유도 바로 그 때문이다. 완전한 단절은 인간 본성에 반하기 때문이다.

이 어색한 침묵은 또 다른 질문을 던진다. 왜 우리는 점점 말을 줄이고, 서로에게 조심스러워졌을까. 기술의 발전은 편리함을 주었지만, 대화의 온기를 앗아갔다. 메시지로는 잘 말하면서, 얼굴을 마주하면 어색해진다. 사람과 사람이 대면하는 시간보다 화면 속 대화가 많아지면서, 진짜 대화는 점점 줄어들고 있다. 엘리베이터 안의 침묵은 단지 공간의 문제가 아니라, 시대의 단면을 보여준다. 현대인은 소통을 원하면서도, 동시에 소통을 두려워한다. 말 한마디로 관계가 시작될 수도 있지만, 오해로 끝날 수도 있기 때문이다. 그래서 침묵은 일종의 '방패'가 된다. 하지만 아이러니하게도, 그 방패가 결국 우리를 더 외롭게 만든다.

이 침묵 속에서도 우리는 끊임없이 서로를 인식한다. 누군가의 향수 냄새, 옷의 색깔, 스마트폰 화면의 빛까지 모두 기억한다. 말은 없지만, 인간의 감각은 타인을 계속 읽어내고 있다. 그건 인간이 '공존'을 본능적으로 추구하는 존재라는 증거다. 인간은 말하지 않아도 타인을 의식하고, 감정을 느낀다. 엘리베이터 안의 침묵이 불편한 이유는 바로 그 감각 때문이다. 우리는 무관심한 척하지만, 사실은 서로를 느끼고 있다.

어느 날 퇴근길, 엘리베이터 안에서 이런 일이 있었다. 어떤 직원이 작은 재채기를 했는데, 누군가가 조용히 '감기 조심하세요.'라고 말했다. 모두가 고개를 들었고, 짧은 웃음이 퍼졌다. 아무 일 아닌 듯 문이 열리고 각자 흩어졌지만, 이상하게 그날의 공기는 부드러웠다. 단 한 문장이 침묵을 깨고, 공간의 분위기를 바꾼 것이다. 인간은 그렇게 간단한 교류만으로도 위로를 느낀다. 그것이 인간의 사회적 본능이며, 인문학이 말하는 '관계의 온도'다. 인문학은 이런 사소한 순간에서 인간의 본질을 발견한다. 타인과의 관계는 거창한 사건이 아니라, 이런 작은 교감에서 시작된다.

엘리베이터 안의 침묵은 단순히 어색한 순간이 아니라, 인간이 관계를 맺고 유지하는 방식에 대한 은유다. 침묵은 타인을 배제하는 것이 아니라, 서로의 경계를 존중하기 위한 조용한 예의이기도 하다. 그러나 그 예의가 너무 오래 이어지면, 마음의 문까지 닫히게 된다. 인문학은 그 순간을 깨닫게 한다. 인간은 혼자서는 완전해질 수 없는 존재라는 사실을 말이다.

가끔은 엘리베이터 안의 침묵을 깨보자. 굳이 유쾌한 농담이나 큰 용기가 필요하지 않다. '몇 층이세요?', '오늘 비가 오네요.'같은 짧은 한마디면 충분하다. 그 순간 우리는 타인에게서 '인간의 얼굴'을 다시 발견한다. 침묵을 깨는 일은 어색함을 깨는 일이 아니라, 무관심을 깨는 일이다.

 엘리베이터 안에서 흘러가는 짧은 30초는 인간의 사회를 축소한 한 장면이다. 서로 가까이 있으면서도 멀고, 말을 아끼면서도 마음은 닿아 있다. 그 묘한 간격 속에서 인간은 늘 관계를 배우고, 이해를 연습한다. 인문학은 그 간격을 이해하는 학문이다. 세상은 빠르게 변하지만, 인간의 마음은 여전히 섬세하고 느리다. 침묵 속에서조차 우리는 관계를 원한다. 그래서 인문학은 우리에게 이렇게 속삭인다.

 "가끔은 그 어색한 침묵 속에서 먼저 미소를 지어보라."

 그것이 인간다움의 시작이자, 세상을 따뜻하게 만드는 가장 단순한 철학이다.

SNS 좋아요 하나에 담긴 마음

밤이 깊어갈 무렵, 불 꺼진 방 안에서 휴대폰 화면만이 유난히 밝게 빛난다. 손가락이 화면 위를 부드럽게 미끄러지며 누군가의 일상을 스쳐 간다. 친구의 여행 사진, 회사 동료의 커피 한 잔, 모르는 사람의 반려동물 사진까지, 하루에도 수십 번씩 '좋아요' 버튼을 누른다. 어떤 건 진심으로 공감해서, 어떤 건 습관적으로, 또 어떤 건 예의처럼 누른다. 화면 위의 하트는 가벼운 터치로 생기지만, 그 속에는 묘한 감정이 숨어 있다. 누군가는 좋아요의 숫자에 웃고, 누군가는 그 숫자에 상처받는다. 단지 손끝의 클릭일 뿐인데, 그것이 우리의 하루와 기분을 좌우한다. SNS 속에서 좋아요는 말보다 빠르고, 표정보다 솔직하다. 그러나 동시에 가장 쉽게 오해되는 감정 표현이기도 하다.

좋아요는 단순한 버튼이 아니다. 그것은 현대인이 감정을 표현하고 관계를 맺는 새로운 언어다. '좋아요'라는 단어에는 사실 여러 의미가 숨어 있다. 진짜로 좋아서 누르기도 하고, 응원의 뜻으로 누르기도 하며, 관계를 유지하기 위해 누르기도 한다. 누르지 않으면 섭섭하게 여길까 봐, 누르고 나면 너무 가볍게 느껴질까 봐, 사람들은 손끝으로 수많은 감정을 계산한다. 디지털 세상에서 좋아요는 이제 일종의 '사회적 통화'가 되었다. 사람들은 그것을 통해 관계를 확인하고, 존재를 증명하며, 때로는 스스로의 가치를 가늠한다.

흥미로운 점은, 좋아요가 많다고 해서 꼭 행복한 것은 아니라는 사실이다. 누군가는 '오늘 내 게시물에 좋아요가 왜 이렇게 적지?' 하며 불안해하고, 또 누군가는 '이 사람은 왜 내 글에는 좋아요를 안 누르지?' 하며 서운해한다. 현실의 대화에서는 사소한 일일지 몰라도, SNS에서는 감정이 훨씬 증폭된다. 디지털 공간의 감정은 짧고 빠르게 흐르지만, 그만큼 쉽게 상처로 남는다. 좋아요의 개수는 단순한 숫자가 아니라, 누군가에게는 '인정받고 싶은 욕구'의 지표다. 인간은 타인의 시선을 통해 자신을 확인하는 존재이기 때문이다.

SNS는 인간의 본질적인 욕망인 '공감받고 싶은 마음'을 자극한다. 인간은 원래 관계 속에서 존재한다. 누군가가 내 이야기를 들어주고, 내 감정을 알아주는 순간 안도감을 느낀다. SNS는 바로 그 욕구를 시각적으로 보여주는 장치다. '좋아요'라는 버튼 하나로 타인의 반응을 즉각적으로 확인할 수 있다. 그러나 문제는 그 관계가 너무 가볍고, 순간적이라는 점이다. 우리는 화면 속에서 공감의 모양을 만들어 내지만, 실제 대화는 점점 줄어든다. 좋아요가 많을수록 관계가 깊어지는 게 아니라, 오히려 표면적으로 흘러간다. 진짜 공감은 대화 속에서, 표정과 목소리 속에서 자라나지만, SNS는 그 과정을 생략한 감정의 '단축키'를 제공한다.

　한 연구에서는 사람의 뇌가 SNS 알림을 받을 때 '도파민'을 분비한다는 결과가 나왔다. 즉, 좋아요를 받을 때 느끼는 쾌감은 작은 보상처럼 작용한다. 그래서 사람들은 무의식적으로 그 기분을 다시 느끼기 위해 계속 SNS를 확인한다. 하지만 이 쾌감은 짧고, 금세 사라진다. 그 결과 우리는 '좋아요의 중독' 속에서 더 많은 관심을 원하게 된다. 인간은 원래 타인의 인정 속에서 존재감을 느끼는 존재이지만, 그것이 습관이 되면 스스로의 기준을 잃는다. 타인의 시선이 자신의 가치가 되는 순간, 마음은 흔들리기 시작한다.

　좋아요의 의미는 '나는 당신의 존재를 인식하고 있다.'는 메시지다. 그러나 동시에 '당신도 나를 인식해주길 바란다.'는 바람이 숨겨져 있다. 인간은 타인의 시선을 통해 자신을 비추어 본다. 마치 거울처럼, 누군가의 반응을 통해 자신의 존재를 확인한다. 그래서 좋아요는 단순한 공감 표현이 아니라, 인간이 '소속되고 싶어 하는 욕망'의 상징이 된다. 하지만 진짜 소속은 화면 속 숫자로는 이루어지지 않는다. 누군가의 마음을 진심으로 이해하고, 나의 이야기를 들어주는 순간에만 가능하다. 좋아요의 숫자는 관계의 깊이가 아니라, 관계의 빈도를 보여줄 뿐이다.

　SNS 속 좋아요는 때로는 '침묵의 대화'다. 말 한마디 없이도 서로의 존재를 확인하는 신호처럼 작동한다. 누군가가 내 글에 좋아요를 눌렀다는 사실만으로도 사람은 작은 위로를 받는다. 그러나 그 위로가 너무 익숙해지면, 우리는 진짜 위로를 잊는다. 대화 대신 하트를, 안부 대신 알림을, 공감 대신 클릭을 보내며 살아간다. 그렇게 우리는 점점 더 편리해지고, 동시에 더 외로워진다.

그렇다고 좋아요를 부정할 필요는 없다. 그것은 현대인이 감정을 표현하는 새로운 방식일 뿐이다. 문제는 그것을 '감정의 전부'로 착각하는 데 있다. 좋아요는 시작일 뿐, 관계의 끝이 되어서는 안 된다. 진짜 관계는 그 이후에 이어지는 대화와 관심에서 완성된다. '요즘 잘 지내?', '그 여행 어땠어?'라는 한마디가 좋아요보다 훨씬 깊은 공감을 만든다. SNS가 만들어낸 즉각적인 공감의 세계 속에서도, 인간은 여전히 '느린 공감'을 필요로 한다. 진심은 속도를 이기기 때문이다.

좋아요 하나에도 마음이 담겨 있다. 그건 누군가의 하루를 응원하는 마음일 수도, 관계를 이어가고 싶은 마음일 수도 있다. 하지만 그 마음이 숫자에 묶이는 순간, 관계는 얕아지고 마음은 피곤해진다. 인문학은 이런 일상의 감정을 멀리서 바라보게 해준다. 우리가 좋아요에 흔들리는 이유는 단지 기술의 문제가 아니라, 인간의 본성 때문이다. 인정받고 싶은 마음, 공감받고 싶은 욕구, 함께 있고 싶은 본능이 우리 안에 있기 때문이다.

좋아요의 본질은 '나는 너를 보고 있다.'는 메시지다. 그것이 진심으로 전달될 때, 좋아요는 따뜻한 언어가 된다. 그러나 단지 반응을 얻기 위한 수단이 될 때, 그것은 공허한 신호가 된다. 결국 중요한 건 버튼이 아니라 마음이다. 화면 속 숫자보다, 진짜 대화 속 한 문장이 더 큰 위로가 될 때가 많다.

SNS 시대의 인문학은 우리에게 이렇게 묻는다.

"당신은 누군가의 마음을 정말로 보고 있는가?"

좋아요를 누르는 손끝에서 멈추지 않고, 그 사람의 하루와 감정을 이해하려는 시선으로 이어질 때, 비로소 우리는 관계의 진짜 온도를 느낀다. 디지털 세상에서도 인간은 여전히 따뜻함을 원한다. 그러니 좋아요를 누를 때 한 번쯤 생각해보자.

"이 클릭 안에 내 진심이 담겨 있는가."

그 짧은 순간의 성찰이 바로 인문학의 시작이다. 좋아요는 단지 손가락의 움직임이 아니라, 마음이 닿는 또 하나의 언어이기 때문이다.

04
양보는 언제나 옳을까?

지하철이 붐비는 출근 시간, 손잡이를 잡은 채 서 있던 한 젊은 남자가 앞에 서 있는 노인을 바라본다. 그는 망설인다. 자리에서 일어나야 할까, 아니면 오늘 하루의 피로를 이유로 앉아 있어야 할까. 주변 사람들은 아무 일 없다는 듯 스마트폰을 보며 시선을 피한다. 몇 초간의 침묵이 흐르고, 결국 그는 일어나 자리를 양보한다. 노인은 무표정하게 고개를 끄덕이고 앉는다. 잠시 후 남자는 자리에서 멀어지며 어딘가 모르게 복잡한 표정을 짓는다. 자신이 좋은 일을 했다는 만족감보다 '괜히 한 건 아닐까?'라는 찜찜함이 마음을 스친다. 누군가는 '당연히 양보해야지.'라고 말하겠지만, 그 짧은 순간의 망설임 속에는 우리가 생각보다 훨씬 복잡한 인간의 심리가 숨어 있다.

　우리는 어릴 때부터 양보는 미덕이라고 배운다. 사탕을 나눠 먹고, 친구에게 장난감을 빌려주며, 어른들에게 자리를 양보하는 게 '착한 행동'이라고 배운다. 하지만 시간이 지나면서 사람들은 어느 순간 이런 질문을 하게 된다. '양보는 언제나 옳은 걸까?' 양보는 분명 따뜻한 행위지만, 때로는 그것이 누군가에게 부담이 되거나 오히려 불편함을 줄 때도 있다. 즉, 모든 상황에서의 양보가 선이라고 단정할 수는 없다. 인문학은 바로 이런 '당연한 믿음'에 질문을 던진다.

양보의 본질은 단순히 '자리를 내주는 행위'가 아니라 '타인을 이해하는 마음'에서 출발한다. 즉, 중요한 것은 '행동'보다 '의도'다. 지하철에서 노인에게 자리를 양보하는 행위가 정말 상대를 위한 것인지, 아니면 '착한 사람으로 보이고 싶어서' 하는 것인지 돌아보면 답은 달라진다. 인간은 사회적 존재이기에 '타인의 시선'을 의식하며 살아간다. 그래서 어떤 행동을 할 때 그 안에는 종종 '나를 어떻게 볼까?' 하는 무의식적인 계산이 작동한다. 진정한 양보는 타인을 위한 것이어야 하지만, 현실에서는 종종 자기 만족이나 사회적 평가의 수단이 되기도 한다.

심리학에서는 이를 '도덕적 피로감'이라고 부른다. 사람들은 선한 행동을 반복할수록, 자신이 그만큼 더 인정받을 자격이 있다고 느끼며, 때로는 이후에 이기적인 선택을 정당화하기도 한다. 예를 들어 '나는 오늘 노인에게 자리를 양보했으니, 점심시간엔 나를 위해 비싼 밥을 먹어도 돼.'라거나 '오늘은 충분히 착했으니, 내일은 좀 이기적이어도 괜찮겠지.'라는 생각이 그런 경우다. 인간의 양심은 끊임없이 균형을 맞추려 한다. 즉, 선행조차 자기 보상의 일환으로 변할 때가 있다. 양보는 분명 좋은 일인데, 때로는 그 행위가 '도덕적 교환'의 형태로 바뀌어버리는 것이다.

하지만 그렇다고 양보의 의미가 사라지는 것은 아니다. 인간 사회는 서로의 배려와 양보 위에서 유지된다. 도로 위의 깜빡이, 줄을 서는 질서, 식당 자리의 배분, 심지어 대화의 순서까지 모두 작은 양보의 결과다. 문제는 '무조건적인 양보'가 아니라 '상황에 맞는 양보'다. 진짜 배려는 감정의 흐름을 읽는 것이다. 어떤 때는 자리를 양보하는 것이 옳지만, 또 어떤 때는 오히려 상대의 자존심을 상하게 만들 수도 있다. 예를 들어 어떤 노인은 젊은 사람에게 자리를 양보받는 걸 부담스러워할 수도 있다. '아직은 스스로 설 수 있다.'는 마음이 오히려 상처처럼 느껴질 수도 있다. 즉, 양보는 행동 그 자체보다도 상대의 감정을 고려하는 섬세한 판단에서 비롯되어야 한다.

양보에는 또 다른 차원도 있다. 그것은 '내가 손해를 보더라도 상대를 위해 기꺼이 물러나는 마음'이다. 하지만 현실에서는 이런 마음이 쉽지 않다. 경쟁이 치열한 사회에서 '양보'는 종종 '패배'로 오해된다. 그래서 사람들은 자기 자리를 지키기 위해 더 치열하게 싸우고, 양보를 미룬다. 그러나 인문학적으로 보면, 양보는 단순한 포기가 아니라 '선택의 자유'를 가진 사람의 행위다. 진정한 양보는 약한 자의 굴복이 아니라, 강한 자의 여유에서 나온다. 자신이 잃는 것보다 얻는 것이 더 크다는 걸 아는 사람만이 양보할 수 있다.

예를 들어 교통 체증이 심한 길에서 누군가 끼어들려고 할 때, 창문을 내리고 욕을 하는 대신 잠시 속도를 늦추어 자리를 내주는 사람을 상상해보자. 그 사람은 단 몇 초를 양보했지만, 마음은 훨씬 가

법다. 반대로, 억지로 자리를 지키려다 서로 싸움이 벌어지는 경우도 있다. 결국 양보는 시간의 문제가 아니라 마음의 문제다. 여유 있는 사람은 먼저 양보하고, 불안한 사람은 끝까지 버틴다.

양보의 철학은 인간관계에서도 그대로 적용된다. 누군가와의 갈등 속에서 '이번엔 내가 참을게.'라고 말하는 순간이 있다. 그 말은 단순히 다툼을 피하기 위한 게 아니라, 관계를 지키기 위한 선택일 수도 있다. 그러나 여기에도 균형이 필요하다. 모든 양보가 관계를 지키는 것은 아니다. 한쪽만 계속 물러나면 결국 그 관계는 기울어진다. 인문학이 말하는 '건강한 양보'는 서로가 조금씩 물러나며 '공존의 지점'을 찾는 것이다. 한 사람이 일방적으로 포기하는 것은 양보가 아니라 '자기소멸'에 가깝다. 진짜 양보는 상대를 살리면서 나 자신도 무너지지 않는 방법을 찾는 일이다.

양보는 단순한 도덕이 아니라, 인간의 관계를 이어주는 섬세한 기술이다. '언제나 옳다.'기보다, '어떻게 하느냐'가 중요하다. 양보는 나를 낮추는 일이 아니라, 상황을 높이는 일이다. 내가 한 걸음 물러섰을 때, 관계가 더 멀리 나아간다면 그것이 진짜 양보다. 하지만 그 물러섬이 나를 소모시킨다면, 그것은 착한 선택이 아니라 잘못된 타협이다.

인문학은 이런 점을 일깨운다. 양보는 결과가 아니라 과정이다. 그것은 타인을 이해하고, 자신을 성찰하며, 관계의 온도를 조절하는 인간의 지혜다. 세상은 늘 빠르고 경쟁적이지만, 그 속에서도 한 발 물러설 줄 아는 사람은 더 넓은 세상을 본다. 양보는 포기가 아니라 통찰이다. '양보는 언제나 옳을까?'라는 질문에 대한 답은 이렇다. 진심에서 비롯된 양보는 언제나 옳지만, 눈치를 본 양보는 오히려 관계를 왜곡시킨다. 그러니 때로는 물러나되, 나 자신을 잃지 말자. 그것이 인문학이 말하는 성숙한 배려의 방식이다.

양보는 인간이 인간답게 사는 법을 배우는 가장 일상적인 수업이다. 그것은 도덕이 아니라 지혜이며, 규칙이 아니라 감정의 언어다. 우리가 진심으로 이해하고자 할 때, 그 순간의 양보는 세상을 조금 더 부드럽게 만든다. 양보는 결국 누군가를 이기는 방법이 아니라, 함께 살아가는 방법이라는 것을 우리는 일상의 작은 순간 속에서 깨닫는다.

05
쇼핑이 즐거운 진짜 이유

주말 오후, 번화한 거리의 쇼핑몰은 사람들로 붐빈다. 카페의 커피 향, 매장 스피커에서 흘러나오는 음악, 반짝이는 쇼윈도 속 신상품들이 사람들의 시선을 끈다. 어떤 이는 새로운 옷을 고르고, 어떤 이는 할인표가 붙은 상품 앞에서 망설인다. '이건 꼭 필요하진 않은데…'하며 장바구니에 담는 손길은 어느새 가볍다. 계산대 앞에 줄이 길어도 사람들의 얼굴에는 피곤함보다 기대감이 묻어 있다. 쇼핑이 끝난 후, 종이봉투를 들고 걷는 발걸음은 조금 더 가볍다. 우리는 물건을 샀을 뿐인데 왜 이렇게 기분이 좋아질까? 손에 든 것은 단순한 물건이지만, 그 안에는 '소유'와 '만족', 그리고 '나를 표현하는 기쁨'이 함께 담겨 있다. 쇼핑은 단순한 경제 행위가 아니라, 인간이 자신을 확인하는 일종의 의식처럼 느껴진다.

사람들은 종종 쇼핑을 '소비'라고 말하지만, 인문학적으로 보면 쇼핑은 훨씬 복잡한 감정의 과정이다. 물건을 사는 일은 단순히 필요를 채우는 것이 아니라, 욕망을 표현하고 정체성을 드러내는 행위다. 예를 들어 어떤 이는 운동화를 고르며 '활동적인 나'를 상상하고, 어떤 이는 고급 향수를 고르며 '세련된 나'를 떠올린다. 결국 우리는 물건을 통해 자신이 되고 싶은 모습을 만든다. 즉, 쇼핑은 단순한 구매가 아니라 '나를 디자인하는 행위'다. 옷이나 물건은 단순히 몸을 꾸미는 게 아니라, 내가 어떤 사람인지를 세상에 말하는 언어가 된다.

심리학자들은 인간이 쇼핑을 즐기는 이유를 '자기 통제의 환상'이라고 설명한다. 세상은 통제할 수 없는 일들로 가득하지만, 쇼핑할 때만큼은 우리가 선택의 주체가 된다. 무수한 물건 중에서 내가 고르고 결정한다는 그 순간의 경험은 '통제감'을 준다. 그 통제감은 잠시라도 불안한 세상에서 벗어나게 한다. 예를 들어 하루 종일 상사에게 시달린 직장인이 퇴근길에 카페에 들러 비싼 커피를 사는 이유는 단순히 카페인이 아니라 '오늘은 나를 위해 선택했다.'는 작은 자유의 감정 때문이다. 쇼핑은 그렇게 인간이 세상 속에서 잃어버린 주도권을 잠시 회복하는 시간이다.

또한 쇼핑의 즐거움은 '기대'에서 비롯된다. 물건을 실제로 손에 넣기 전, 그것을 상상하는 순간이 가장 강렬하다. 온라인 쇼핑을 예로 들어보면, 결제 버튼을 누르는 순간보다 택배가 도착하기를 기다리는 시간이 더 설레는 이유가 여기에 있다. 뇌는 실제로 보상을 받을 때보다, 보상을 '기대할 때' 더 많은 도파민을 분비한다. 즉, 쇼핑은 '행복을 사는 과정'이 아니라 '행복을 기다리는 감정'이다. 우리는 물건을 얻기보다, 그 과정에서 느끼는 설렘에 중독되는 것이다.

  하지만 쇼핑의 즐거움에는 또 다른 면도 있다. 현대 사회는 소비를 통해 인간의 감정을 조절하도록 유도한다. '기분이 우울하면 쇼핑해.', '자기 보상은 필수야.'라는 문구들이 바로 그것이다. 광고는 단순히 상품을 팔지 않는다. 행복, 여유, 성공, 자존감 같은 감정들을 포장해 함께 판다. 그래서 사람들은 물건을 사면서 단순히 소유가 아니라 '감정'을 산다. 그 감정이 사라질 때쯤이면 다시 새로운 물건이 필요해진다. 인문학적으로 보면, 현대인의 쇼핑은 '감정의 순환' 속에서 움직인다. 물건이 아니라 감정을 소비하는 시대, 그래서 쇼핑은 인간의 불안과 욕망을 동시에 비추는 거울이 된다.

  흥미로운 점은, 쇼핑의 대상이 꼭 물건일 필요는 없다는 것이다. 사람들은 경험도, 시간도, 추억도 산다. 여행, 콘서트, 전시회, 맛집 탐방 같은 활동 역시 '경험을 소비하는 쇼핑'이다. 우리는 단지 소유하기 위해서가 아니라 '느끼기 위해' 돈을 쓴다. 누군가는 그 경험을 사진으로 남기고, 누군가는 SNS에 기록한다. '나 이렇게 살고 있어.'라는 무언의 메시지를 통해 타인에게 자신을 보여주는 것이다. 결국 쇼핑은 개인의 행복을 넘어 사회적 행위로 확장된다. 물건을 사는 일은 혼자 하는 행동이지만, 그 결과는 언제나 타인을 향해 있다. 인간은 자신이 어떤 존재로 보이고 싶은가를 끊임없이 고민하는 존재이기 때문이다.

  그렇다면 쇼핑은 단순한 욕망의 발산일까? 그렇지 않다. 인간의 욕망은 나쁜 것이 아니다. 오히려 그것은 인간이 발전하고 창조하는 원동력이다. 쇼핑은 그 욕망을 가장 일상적인 방식으로 드러내는 창구다. 단지 문제는 '욕망의 방향'을 잃을 때 생긴다. 쇼핑이 자기 위로의 수단이 될 때는 괜찮지만, 타인과 비교하거나 허영의 도구로 변하면 공허함만 남는다. 진짜 즐거운 쇼핑은 나를 꾸미기 위한 것이 아니라, 나를 이해하기 위한 것이다. 왜 이 물건이 나를 끌었는지, 나는 무엇을 필요로 하는지 질문하는 순간, 쇼핑은 단순한 소비가 아니라 '자기 성찰의 시간'이 된다.

쇼핑의 진짜 즐거움은 물건 그 자체에 있지 않다. 그것은 선택의 순간에, 그리고 그 선택을 통해 자신을 발견하는 과정에 있다. 우리는 쇼핑을 통해 '나는 이런 걸 좋아하는 사람이야.'라고 스스로에게 말한다. 물건 하나가 취향이 되고, 취향이 곧 나의 정체성이 된다. 인문학적으로 보면 쇼핑은 '나를 아는 연습'이다. 나에게 어울리는 색, 내가 편안하게 느끼는 질감, 내가 좋아하는 분위기, 이 모든 선택이 나를 조금씩 설명해준다.

물건을 사는 것은 끝이 아니라 시작이다. 그것은 내가 어떤 감정을 원했는지를 보여주는 단서다. 가끔 우리는 충동적으로 물건을 사지만, 나중에 후회할 때조차 배운다.

"나는 왜 이걸 샀을까?"

그 질문 속에는 이미 나 자신에 대한 깨달음이 들어 있다. 쇼핑은 인간의 욕망과 선택, 그리고 후회를 통해 자기 자신을 알아가는 인문학적 과정이다.

그러니 쇼핑을 단순히 낭비나 사치로만 보지 말자. 그것은 인간이 삶을 느끼고, 자기 존재를 표현하며, 행복을 실험하는 방법이다. 중요한 건 무엇을 사느냐가 아니라, 왜 사느냐. 만약 그 이유가 타인이 아닌 '나'를 위한 것이라면, 그건 이미 철학적인 행위다. 인문학은 우리에게 이렇게 말한다.

"당신이 고른 그 물건에는 당신의 생각과 마음이 담겨 있다."

쇼핑의 진짜 기쁨은 그 순간, 나를 조금 더 이해하게 되는 데 있다. 결국 쇼핑은 단순한 소비가 아니라, 인간이 스스로의 욕망을 탐구하고, 그 욕망을 통해 자신을 발견하는 조용한 철학의 한 장면이다.

06
반려동물은 가족일까, 친구일까?

늦은 밤, 불 꺼진 거실에 작은 숨소리가 들린다. 한 여자가 소파에 앉아 있다. 그녀의 무릎 위에는 반듯이 누워 잠든 고양이가 있다. 부드럽게 들썩이는 호흡에 손을 얹자 고양이는 살짝 몸을 비비며 안심한 듯 눈을 감는다. 그 순간 여자의 표정도 부드러워진다. 하루 종일 회사에서 사람들과 부딪히며 받은 스트레스가 조금은 풀린 듯하다. 그녀는 속삭인다. '오늘도 고마워.' 반려동물을 키워본 사람이라면 누구나 공감할 것이다. 아무 말이 없는데도 마음이 위로받는 느낌, 단지 곁에 있어주는 것만으로도 하루가 다르게 느껴지는 감정. 하지만 문득 이런 생각이 든다. '이 아이는 내 가족일까, 아니면 친구일까?' 사람과 동물의 관계는 시대마다, 사람마다 다르게 정의되지만, 그 안에 담긴 마음은 언제나 비슷하다. 우리가 반려동물을 사랑하는 이유는 단순히 귀여움 때문이 아니라, 그 안에서 '인간의 마음'을 다시 발견하기 때문이다.

◆ ◆ ◆

　반려동물이라는 단어에는 '함께 삶을 나누는 존재'라는 의미가 담겨 있다. 예전에는 동물을 키운다고 하면 대부분 '가축'이나 '애완동물'이라는 개념이었다. 인간이 돌보고, 지배하고, 필요할 때만 가까이 두는 관계였다. 하지만 이제는 달라졌다. 사람들은 반려동물을 가족으로 부른다. '우리 집 강아지'가 아니라 '우리 아들', '우리 막내'라고 말한다. 인간과 동물의 관계가 '소유'에서 '동반'으로 바뀐 것이다. 이는 단순한 언어의 변화가 아니라, 인간의 사고방식이 달라진 증거다. 사람들은 반려동물을 통해 조건 없는 사랑, 순수한 신뢰, 그리고 존재 그 자체의 의미를 느낀다.

　사람과 반려동물의 관계는 매우 인간적이다. 동물은 말을 하지 않지만, 그 침묵 속에는 많은 감정이 오간다. 퇴근 후 문을 열자마자 달려오는 강아지, 아침마다 다리를 스치는 고양이의 몸짓은 말보다 더 따뜻하다. 사람은 그 단순한 행동 속에서 '기다림'과 '반가움'을 읽는다. 반려동물은 우리가 세상 속에서 잃어버린 순수한 감정을 다시 꺼내주는 존재다. 사람과 사람 사이의 관계가 점점 복잡해질수록, 동물과의 관계는 오히려 단순해진다. 서로에게 기대하지 않고, 계산하지 않으며, 오직 '지금 이 순간'을 함께하는 관계. 그것이 인간에게 얼마나 큰 위로가 되는지를 우리는 매일 느낀다.

　하지만 반려동물을 가족이라 부르기 시작한 사회의 변화는 단순히 감정적인 현상만은 아니다. 인문학적으로 보면, 이는 '관계의 재정의'다. 인간은 오래전부터 관계 속에서 자신을 정의해왔다. 가족, 친구, 연인, 동료 등 다양한 관계 속에서 인간은 자신을 찾아간다. 그러나 현대 사회에서는 점점 관계가 피로해지고 있다. 사람들은 실망하고, 상처받고, 기대를 줄인다. 그때 나타난 것이 '조건 없는 관계'의 상징, 반려동물이다. 반려동물은 인간에게 상처 주지 않고, 평가하지 않으며, 오직 존재로만 사랑을 준다. 그래서 우리는 그들에게 '가족'이라는 이름을 준다. 그것은 단순한 비유가 아니라, 인간이 관계를 통해 자신을 구원하려는 마음의 표현이다.

동물을 가족처럼 여기는 현상은 인간의 감정 구조를 바꾸고 있다. 예전에는 가족이란 피로 맺어진 관계였지만, 이제는 '마음으로 연결된 존재'가 가족의 의미를 대신한다. 강아지나 고양이를 잃었을 때, 사람들은 실제 가족을 잃은 것처럼 깊은 슬픔을 느낀다. 장례식장을 찾고, 위패를 세우며, 이름을 부르며 울기도 한다. 어떤 사람은 '이제 가족 중 한 명이 떠났다.'고 말한다. 인문학적으로 보면, 이는 인간이 가족의 개념을 혈연에서 감정으로 옮겨온 상징적인 변화다. 사랑과 돌봄, 책임이 있는 관계라면 그것이 곧 가족이라는 새로운 정의가 만들어지고 있는 것이다.

그러나 모든 관계에는 균형이 필요하다. 반려동물을 '가족'이라 부르지만, 실제로는 여전히 인간이 돌보는 존재다. 책임과 권리가 함께 따라야 하는 관계라는 점을 잊어서는 안 된다. 인간의 감정만 앞세워 동물을 사람처럼 대하면 오히려 그들에게 스트레스가 될 수 있다. 강아지에게 옷을 입히거나 고양이에게 억지로 안기게 하는 행동이 대표적이다. 인간의 '사랑'이 때로는 동물에게는 '억압'이 되기도 한다. 진정한 사랑은 감정이 아니라 이해에서 비롯된다. 반려동물을 가족처럼 생각한다면, 그들의 본성을 존중하고 그들의 언어를 배워야 한다. 그것이 인간과 동물이 함께 행복해지는 첫걸음이다.

반려동물을 친구로 생각하는 사람들도 많다. '가족'이란 단어가 주는 무게감보다, 친구는 더 평등하고 가벼운 느낌을 준다. 친구란 서로를 존중하면서도 거리감을 유지하는 관계다. 반려동물을 친구로 본다는 것은 그들을 인간의 기준으로 끌어들이지 않고, 있는 그대로의 존재로 받아들인다는 뜻이기도 하다. 친구는 나를 비추는 거울이다. 반려동물과의 관계 속에서도 우리는 자신을 발견한다. 그들이 기뻐할 때 나도 기쁘고, 그들이 아플 때 함께 아프다. 인간은 동물을 통해 '공감의 감각'을 다시 배우는 것이다.

반려동물이 가족일까, 친구일까라는 질문의 답은 어쩌면 둘 다일지도 모른다. 중요한 것은 '그들이 우리와 함께 살아간다.'는 사실이다. 가족이라는 말에는 사랑과 책임이, 친구라는 말에는 공감과 자유가 담겨 있다. 인간은 그 둘을 모두 필요로 한다. 반려동물은 우리에게 이 두 가지를 동시에 가르쳐준다. 조건 없는 사랑을 주면서도, 강요하지 않고 그저 곁에 머문다. 그 단순한 존재 방식이야말로 인간이 오랫동안 잊고 지낸 관계의 본질이다.

인문학적으로 보면, 반려동물은 인간의 외로움이 만들어낸 또 다른 형태의 관계다. 하지만 그것은 결코 부정적인 의미가 아니다. 오히려 외로움을 통해 우리는 새로운 형태의 사랑을 배웠다. 사람 사이의 관계가 복잡해질수록, 동물은 우리에게 가장 단순하고 진실한 관계가 무엇인지를 보여준다. 사랑이란 말하지 않아도 느껴지고, 함께 있지 않아도 이어지는 마음이라는 사실을.

결국 반려동물은 인간의 거울이다. 그들의 눈을 통해 우리는 자신을 본다. 그들이 우리를 믿듯, 우리도 그들을 믿는다. 가족처럼, 친구처럼, 혹은 그 어떤 이름으로든 그들은 우리의 삶 속에 자리 잡는다. 그리고 그 관계는 단순히 인간과 동물의 관계를 넘어, '함께 살아간다는 것'의 의미를 다시 묻게 만든다. 인문학은 말한다.

"사랑은 이해에서 시작된다."

반려동물과 함께 사는 일은, 바로 그 이해를 연습하는 가장 따뜻한 방식이다. 그들은 말하지 않지만, 매일 우리에게 가장 중요한 질문을 던진다.

"당신은 사랑을 줄 준비가 되어 있나요?"

그 질문에 우리가 미소로 답할 수 있다면, 이미 우리는 그들과 진정한 가족이자 친구가 되어 있는 것이다.

미용실 수다의 사회학

토요일 오후, 미용실 문을 열면 드라이기 소리와 샴푸 향이 동시에 밀려온다. 손님들은 거울 앞 의자에 앉아 머리를 만지며 대화를 나눈다.
"요즘 너무 피곤해요."
"아, 맞아요. 요즘 회사 분위기 좀 이상하죠?"
미용사는 고개를 끄덕이며 손을 멈추지 않는다. 다른 자리에서도 비슷한 대화가 이어진다. 누구는 아이 이야기, 누구는 연애 이야기, 누구는 뉴스 이야기로 시간을 채운다. 처음 만난 사람인데도 어색하지 않다. 서로 이름도 모른 채 웃고, 때로는 고민을 털어놓기도 한다. 미용실은 단순히 머리를 자르는 공간이 아니라, 사람과 사람이 연결되는 작고 특별한 사회다.

인문학적으로 보면 미용실은 '일상의 무대'다. 사람들은 이곳에서 자신의 외모를 가꾸지만, 동시에 사회 속의 '나'를 재정비한다. 머리를 자르거나 염색하는 일은 단순한 미용 행위가 아니다. 그것은 '새로운 나'를 만드는 상징적인 의식이다. 머리를 자른 후 거울을 보는 순간, 사람은 무의식적으로 '이게 나야.'라고 말한다. 즉, 미용실은 인간이 '자기 정체성'을 다시 확인하는 장소다. 사회학자 어빙 고프먼은 일상을 '연극 무대'로 비유했다. 미용실은 그 중에서도 '분장실'에 해당한다. 사람들은 이곳에서 사회라는 무대에 오르기 전, 자신을 다시 세팅한다.

하지만 미용실의 매력은 머리 손질보다 '대화'에 있다. 흥미로운 점은, 미용실에서 나누는 대화가 대부분 가벼운 이야기라는 것이다. 날씨, 연예인, 최신 트렌드, 주변 사람들 이야기 등 누구나 참여할 수 있는 주제들이다. 겉으로 보면 아무 의미 없는 잡담 같지만, 사실 이 '가벼운 대화'야말로 인간관계를 유지하는 가장 중요한 소통 방식이다. 우리는 깊은 대화보다 사소한 말 속에서 더 큰 위로를 얻는다.

"오늘 머리 예쁘게 됐네요."

"이 색깔 진짜 잘 어울려요."

이런 짧은 말 한마디가 하루의 기분을 바꾼다. 미용실의 수다는 가볍지만, 결코 가볍지 않은 힘을 가지고 있다.

이러한 대화의 구조는 사회적 안정감을 준다. 사람은 누구나 '소속감'을 원한다. 미용실의 수다는 그 욕구를 충족시켜 준다. 이름을 몰라도, 서로의 직업을 몰라도, 우리는 대화 속에서 '연결'을 느낀다. 심리학에서는 이를 '일상적 친밀감'이라 부른다. 즉, 깊은 관계가 아니어도 안정감을 느끼게 해주는 짧은 인간적 교류다. 미용사는 손님들의 이야기를 듣는 전문가이자, 감정의 조율자다. 손님이 머리를 자르며 불평을 늘어놓을 때, 미용사는 그저 '맞아요, 요즘 다 그렇죠.'라고 말한다. 그 한마디는 상담보다 효과적이다. 인간은 공감을 통해 회복된다.

흥미로운 것은, 미용실의 대화는 언제나 '공감의 리듬'을 따라간다는 점이다. 사람들은 미용실에서 정답을 원하지 않는다. 대신 '그럴 수 있죠.', '저도 그래요.'라는 말 속에서 위로를 찾는다. 이런 대화의 방식은 사회 속에서 우리가 어떻게 관계를 유지하는지를 보여준다. 인문학적으로 보면, 미용실은 '소통의 축소판'이다. 사람들이 말하고 듣는 방식, 공감하고 웃는 방식이 모두 그 안에 녹아 있다.

또 하나 흥미로운 점은, 미용실 수다가 '계층의 벽'을 허문다는 것이다. 회사에서는 직급이 다르고, 학교에서는 나이와 학년이 다르지만, 미용실에서는 모두 같은 '손님'이다. 사회적 지위나 배경이 중요하지 않다. 누구나 거울 앞에서는 평등하다. 이 공간에서는 인간의 '본래적인 모습'이 드러난다. 그래서 미용실에서 나누는 대화는 더 솔직하고, 때로는 더 깊다.

"저도 그럴 때 있었어요."
"요즘 사는 게 왜 이렇게 힘들까요."

서로 모르는 사람끼리 나누는 이런 대화 속에는 '인간 대 인간'의 정직한 공감이 있다.

인문학적으로 볼 때, 미용실의 수다는 현대 사회에서 사라져가는 '공동체의 흔적'을 보여준다. 예전에는 시장, 우물가, 마을 어귀 같은 곳에서 이런 소통이 이루어졌다. 사람들은 만나서 이야기하며 서로의 안부를 확인했다. 하지만 도시화와 디지털화로 인해 사람들은 점점 '혼자'가 되었다. 그 속에서 미용실은 마지막 남은 '오프라인 대화의 장소'로 기능한다. 미용사는 이름을 기억하고, 손님의 근황을 물으며, 작은 일상 속에서도 관계를 이어간다. 머리를 자르는 시간이 끝나면 대화도 끝나지만, 그 여운은 하루 종일 남는다.

미용실 수다는 단순한 잡담이 아니라, 인간이 사회 속에서 서로를 이해하고 연결되는 방식이다. 우리는 말하면서 생각을 정리하고, 듣는 동안 마음을 치유받는다. '미용실의 수다'는 인간이 본능적으로 추구하는 사회적 온기를 보여준다. 사람은 혼자 살아갈 수 없기에, 짧은 대화 속에서도 소속감을 찾는다.

이런 관점에서 보면, 미용실은 단순한 서비스 공간이 아니라 작은 인문학의 교실이다. 사람들은 이곳에서 타인의 감정을 배우고, 공감의 언어를 익히며, 사회적 관계의 리듬을 체험한다. 머리를 다듬으며 나누는 수다는 인류가 오래전부터 이어온 '관계의 기술'의 한 형태다. 그것은 논리보다 감정이 앞서고, 대답보다 공감이 중요한 대화의 예술이다.

미용실의 수다는 우리에게 이렇게 말한다.

"당신은 혼자가 아니에요."

서로의 말에 귀 기울이고, 짧은 웃음을 나누는 그 순간, 인간은 잠시라도 세상의 무게를 내려놓는다. 그 가벼운 대화 속에서 우리는 묵

직한 인간의 본질을 본다. 소통하고 싶어 하는 마음, 인정받고 싶어 하는 마음, 연결되고 싶어 하는 마음. 그것이 바로 인문학이 말하는 인간의 본성이다.

  미용실은 머리를 자르는 곳이 아니라, 마음을 다듬는 곳이다. 거울 속 자신의 모습을 보며 미소 짓는 순간, 우리는 새로워진 외모뿐 아니라 조금은 정리된 마음을 발견한다. 그리고 그 순간, 깨닫는다. '나는 여전히 누군가와 연결되어 있구나.' 인문학은 이처럼 사소한 공간에서 시작된다. 삶의 대화가 있는 곳, 공감이 흐르는 곳, 그것이 바로 우리가 매주 찾는 미용실의 진짜 의미다.

사진 속의 나, 진짜 나일까?

휴대폰 카메라를 들고 셀카를 찍는 순간, 우리는 아주 짧은 시간 동안 '자신을 연출하는 사람'이 된다. 배경을 고르고, 조명을 맞추고, 표정을 만든다. 찍고 나서 바로 화면을 확대해 본다.

"어? 얼굴이 좀 부었네."

"이 각도는 아닌데…"

삭제 버튼을 누르고 다시 찍는다. 그렇게 여러 번을 반복하다 보면, 마침내 '이건 괜찮다.' 싶은 사진이 하나 남는다. 하지만 잠시 후 SNS에 올릴 때는 또 마음이 흔들린다.

"이 사진, 내가 진짜 이렇게 생겼나?"

"다른 사람들은 어떻게 볼까?"

사진은 분명 '나'를 찍은 것인데, 이상하게도 그 안의 나는 '나' 같지 않다. 카메라에 담긴 나와 거울 속의 나, 그리고 머릿속에서 그려온 나의 모습은 모두 조금씩 다르다. 그래서 사람들은 사진을 보고 묘한 불안함을 느낀다. '이건 진짜 나일까?'라는 질문이 그 순간 시작된다.

사진은 인간이 자신을 확인하는 가장 쉬운 방법이지만, 동시에 가장 낯선 방법이기도 하다. 우리는 카메라 렌즈 앞에서 자연스러워지기가 어렵다. 왜냐하면 카메라 앞에 서는 순간, 자신이 '보여지는 존재'임을 의식하기 때문이다. 그것은 단순한 촬영이 아니라 일종의 '사회적 거울' 속으로 들어가는 행위다. 내가 나를 보는 것이 아니라, 타인의 시선으로 나를 바라보는 일이다. 이때 사진은 현실보다 더 정직하게, 그리고 더 가혹하게 인간을 비춘다. 사람들은 그 속에서 자신의 주름, 표정, 어색한 자세를 보며 '내가 이렇게 생겼나?'라는 낯섦을 느낀다. 인문학적으로 보면, 이 낯섦은 인간이 '자기 인식'을 경험하는 순간이다.

거울 속의 나는 내가 보고 싶은 나지만, 사진 속의 나는 다른 사람의 시선에서 본 나다. 거울은 내가 조절할 수 있는 세계다. 고개를 기울이거나, 표정을 바꾸거나, 조명을 조절하면 조금 더 만족스러운 모습이 나온다. 하지만 사진은 다르다. 한순간의 표정, 무심한 각도, 조명의 그림자 하나까지 그대로 담아낸다. 즉, 사진 속의 나는 '의식하지 않은 나'다. 그래서 우리는 사진을 통해 비로소 '객관적인 나'를 만난다. 그러나 역설적으로 그 객관성이 불편하게 느껴진다. 사진 속의 나는 너무 솔직해서 오히려 나와 멀게 느껴진다.

심리학에서는 이런 현상을 '자기 불일치(Self-discrepancy)'라고 한다. 즉, 실제의 나와 이상적인 나 사이의 차이가 주는 불편함이다. 우리는 늘 '이렇게 보이고 싶다.'는 이미지가 있다. 하지만 사진은 그런 이상을 무너뜨린다. 그래서 사람들은 필터를 쓰고, 각도를 바꾸고, 편집을 통해 자신이 원하는 이미지를 만든다. 흥미로운 건, 이렇게 수정된 이미지를 반복해서 보다 보면 사람들은 점점 그 가공된 이미지를 '진짜 나'로 인식하게 된다는 점이다. 그래서 필터 없는 사진을 보면 오히려 낯설게 느낀다. 이것은 단순한 외모의 문제가 아니라, 현대인이 '자기 정체성'을 외부의 시선에 맞추어 재구성하는 과정이기도 하다.

SNS 시대의 '사진 속 나'는 일종의 사회적 자아다. 사람들은 사진을 올리며 '좋아요'라는 확인을 기다린다. 그 숫자는 단순한 반응이 아니라 '존재의 승인'처럼 느껴진다. 그래서 우리는 무의식적으로 '다른 사람이 좋아할 나'를 연출한다. 웃는 표정, 여행지의 풍경, 맛있는 음식, 깔끔한 배경. 이 모든 것은 '이렇게 살고 있는 나'를 보여주는 일종의 자기 브랜딩이다. 그러나 문제는 그 과정에서 '있는 그대로의 나'가 점점 사라진다는 것이다. 사진 속의 나를 유지하기 위해 현실의 나를 조정하게 된다. 실제로는 지쳐도 웃고, 외로워도 밝은 사진을 올린다. 사진은 기록이 아니라 연출이 되고, 나의 일상은 점점 '보여주기 위한 삶'으로 바뀐다.

하지만 그렇다고 사진 속의 내가 가짜라고 단정할 수도 없다. 사진은 '연출된 진실'이다. 그것은 꾸며졌지만, 완전히 거짓은 아니다. 인간은 원래 자신을 표현하는 존재이고, 표현은 언제나 선택과 의도를 포함한다. 즉, 사진 속의 나도 나의 일부다. 다만 그것은 '내가 선택한

나'일 뿐이다. 문제는 그 선택이 나를 행복하게 만드는가, 아니면 피로하게 만드는가이다. 인문학은 여기에 질문을 던진다.

"당신이 보여주는 그 모습은 진심에서 비롯된 것인가?"

철학자 장 폴 사르트르는 인간의 존재를 '타인의 시선 속에서 완성되는 존재'라고 말했다. 우리는 타인의 눈을 통해 자신을 확인한다. 사진 속의 나는 바로 그 시선의 결과물이다. 하지만 인문학적으로 더 중요한 것은 '나는 스스로를 어떻게 보고 있는가?'이다. 만약 내가 나를 사랑하지 못한다면, 어떤 필터를 써도 만족할 수 없다. 결국 사진 속의 나는 나를 평가하는 도구가 아니라, 나 자신을 이해하는 거울이 되어야 한다. 그것을 부끄러워하기보다 받아들이는 순간, 우리는 진짜 자기 자신과 화해할 수 있다.

사진 속의 나는 진짜 나일까? 아니면 타인의 시선에 맞춘 가짜일까? 그 답은 아마 둘 다일 것이다. 사진은 인간이 자기 자신을 해석하는 또 하나의 언어다. 그것은 현실을 왜곡하기도 하고, 동시에 드러내기도 한다. 중요한 것은 '진짜 나'와 '보여지는 나' 사이의 균형이다. 둘 중 하나만 존재할 수는 없다. 우리는 타인의 시선을 의식하며 살아가지만, 그 시선 속에서도 나만의 빛을 잃지 않아야 한다.

인문학적으로 보면, 사진은 '존재의 흔적'을 남기는 방식이다. 우리가 찍는 모든 사진은 시간의 한 조각을 붙잡은 것이다. 그 안에는 웃음과 피로, 희망과 불안이 함께 들어 있다. 그것이 완벽하지 않아도 괜찮다. 오히려 그 불완전함 속에 인간다움이 있다. 우리가 사진을 다시 바라볼 때, 중요한 것은 잘 나온 모습이 아니라, 그 순간의 감정이다.

카메라가 포착한 나의 모습은 변할 수 있지만, 그 안에 담긴 마음은 변하지 않는다. 그래서 오래된 사진을 보면, 그 시절의 나를 미워하기보다 미소 짓게 된다.

"그래, 그때의 나는 그렇게 살아 있었지."

그것이 사진이 주는 가장 큰 위로다. 사진은 타인의 눈으로 본 나이자, 과거의 내가 지금의 나에게 보내는 편지다.

결국 사진 속의 나는 진짜 나일까라는 질문은 이렇게 바뀐다.

"나는 지금의 나를 사랑할 수 있을까?"

인문학은 그 답을 '있는 그대로의 나'에서 찾는다. 필터도 각도도 필요 없는 순간, 우리가 진심으로 웃을 수 있을 때, 그 사진이야말로 가장 진짜 '나'의 얼굴이다. 그리고 그 순간, 우리는 깨닫는다. 사진은 나를 꾸미는 도구가 아니라, 나를 이해하는 또 하나의 방식이라는 것을.

09
광고 속에 숨어 있는 유혹

아침에 눈을 뜨자마자 스마트폰을 켠다. 화면을 스크롤하자마자 새로운 광고가 뜬다.

"오늘만 이 가격!"

"놓치면 후회합니다!"

잠결에 무심코 넘기려다가 문득 멈춘다. 어제 봤던 신발이 다시 눈에 띈다.

"당신의 취향에 꼭 맞는 상품입니다."

마치 내 마음을 읽은 듯한 문구다. 클릭하지 않으려 하지만 손가락은 이미 움직인다. 그 안에는 내가 어제 검색했던 기록들이 반영되어 있다. 스마트폰은 내 취향과 욕망을 나보다 먼저 알고 있다. 우리는 매일 수십, 수백 개의 광고 속에서 살아가지만, 정작 광고를 '보았다.' 는 자각은 거의 없다. 그러나 광고는 언제나 우리 곁에 있다. 버스 정류장, 지하철, SNS, 심지어 카페 테이블 위의 컵홀더까지. 현대인은 광고 속에서 하루를 시작하고 끝낸다. 그리고 그 안에서 알게 모르게 어떤 '선택'을 하게 된다.

광고는 단순히 물건을 파는 도구가 아니다. 그것은 인간의 욕망을 연구하고 자극하는 언어다. 좋은 광고는 상품의 기능을 설명하지 않는다. 대신 그 상품을 가지면 '내 삶이 어떻게 변할지'를 보여준다. 예를 들어 향수 광고는 향기를 설명하지 않는다. 대신 '이 향을 쓰는 사람은 자유롭다.', '매혹적이다.'같은 이미지를 만든다. 광고는 제품이 아니라 '이미지'를 판다. 다시 말해, 우리는 물건을 사는 게 아니라 '그 물건을 가진 나의 모습'을 사는 것이다. 이것이 광고의 가장 교묘하고도 매혹적인 힘이다.

인문학적으로 보면 광고는 현대 사회의 '이야기 장치'다. 인간은 이야기에 약하다. 우리는 논리보다 서사를 통해 감동한다. 그래서 광고는 늘 짧은 이야기로 시작한다. 한 여성이 거리를 걷는다. 바람이 불고, 향기가 퍼지고, 누군가의 시선이 머문다. 몇 초 뒤 브랜드 로고가 뜬다. 그 몇 초 사이에 우리는 그 여성의 감정과 자신을 동일시한다.

"나도 저 향수를 쓰면 저런 기분일까?"

광고는 제품이 아니라 '상상'을 판다. 인간은 합리적 소비자처럼 행동하지만, 실제로는 감정으로 움직인다. 광고는 그 감정을 가장 섬세하게 자극하는 예술이다.

광고의 언어는 늘 유혹적이다.

"지금 사면 더 행복해질 거예요."

"당신은 이걸 받을 자격이 있습니다."

"이 제품은 당신의 삶을 바꿀 겁니다."

이런 문장은 단순히 상품을 권유하는 게 아니라, 인간의 '결핍'을 건드린다. 우리는 완벽하지 않다는 걸 안다. 그래서 '조금 더 나은 나'를 꿈꾼다. 광고는 그 틈을 파고든다. 그것은 욕망의 언어다. 인문학적으로 보면, 광고는 현대인의 욕망이 시각화된 형태다. 광고를 보면 그 시대 사람들이 무엇을 두려워하고, 무엇을 갈망하는지가 보인다. 예를 들어 과거에는 '풍요'와 '편리함'이 중심이었다면, 오늘날의 광고는 '힐링'과 '자기다움'을 강조한다. 즉, 인간의 욕망은 시대와 함께 변하지만, 그 근본은 늘 같다. 결핍을 채우고 싶은 마음이다.

하지만 광고는 그 결핍을 '끝없는 갈증'으로 만든다. 한 제품이 우리의 욕망을 채워줄 것 같지만, 곧 더 새로운 것이 등장한다. 그리고 우리는 다시 그것을 원한다. 광고는 욕망을 해결하지 않고, 오히려 유지시키는 방식으로 작동한다. 인간의 소비는 멈추지 않도록 설계되어 있다. 철학자 질 들뢰즈는 이런 현상을 '욕망의 순환'이라 불렀다. 욕망은 충족을 목표로 하지 않는다. 오히려 계속 흘러가며 새로운 대상을 찾아간다. 광고는 그 흐름의 방향을 제시하는 나침반이다. 그러나 그 방향이 언제나 우리를 행복으로 이끌지는 않는다.

광고의 유혹은 점점 더 교묘해지고 있다. 예전에는 TV나 잡지에서 일방적으로 전달되던 광고가 이제는 개인의 취향에 맞춰진 '맞춤형 광고'로 바뀌었다. SNS 알고리즘은 우리의 관심사, 검색 기록, 대화 내용까지 분석해 광고를 보여준다.

"어제 친구랑 카메라 얘기했는데, 오늘 바로 카메라 광고가 떴어요."

이런 경험은 더 이상 낯설지 않다. 기술이 발전할수록 광고는 우리 무의식 깊숙이 들어온다. 심리학에서는 이런 현상을 '인지 부조화'라고 설명한다. 내가 선택했다고 믿지만, 사실은 이미 선택하도록 유도된 것이다. 즉, 우리는 광고의 대상이 아니라 '광고의 일부'로 살아가고 있다.

그렇다고 광고가 나쁜 것만은 아니다. 인문학적으로 보면 광고는 현대의 '문화 언어'이기도 하다. 광고는 사회의 가치관을 반영하고, 때로는 그 흐름을 바꾼다. 환경 보호, 다양성, 공존 같은 메시지를 담은 광고들은 단순한 상업을 넘어 '문화적 운동'의 역할을 하기도 한다. 어떤 광고는 소비자에게 질문을 던진다.

"당신은 왜 이걸 사려 하나요?"

"정말 필요한가요?"

이런 광고는 유혹을 넘어 성찰을 이끈다. 즉, 광고는 단순히 인간의 욕망을 자극하는 도구이면서 동시에 그 욕망을 되돌아보게 만드는 거울이 될 수도 있다.

광고 속 유혹은 언제나 매끄럽고 아름답다. 그러나 그 이면에는 인간의 욕망, 불안, 결핍이 있다. 광고는 우리에게 끊임없이 묻는다.

"당신은 지금의 자신에게 만족하나요?"

우리는 그 질문에 무의식적으로 '아니요.'라고 답한다. 그래서 새로운 물건, 새로운 이미지, 새로운 삶을 찾아 나선다. 그러나 인문학은 다른 답을 제시한다.

"당신이 가진 것을 다시 바라보라."

진짜 행복은 새로 사는 데 있지 않고, 이미 가진 것을 이해하는 데 있다.

광고의 본질은 유혹이지만, 그 유혹을 어떻게 해석하느냐는 우리의 몫이다. 어떤 사람은 광고를 따라 욕망을 소비로 풀고, 어떤 사람은 광고 속 메시지를 읽으며 세상의 흐름을 이해한다. 결국 광고는 인간의 마음을 비추는 거울이다. 우리는 광고를 통해 '무엇을 사고 싶은가?'를 넘어서 '어떤 사람이 되고 싶은가?'를 묻는다.

다음 번에 광고를 볼 때, 잠시 멈춰보자.

"이 광고는 나에게 무엇을 말하고 있을까? 이건 정말 나를 위한 것일까?"

그 질문을 던지는 순간, 우리는 광고의 유혹을 넘어설 수 있다. 광고는 인간의 욕망을 이용하지만, 동시에 인간의 사고를 자극한다. 그것을 단순히 상업의 언어로만 보지 않고, 인간의 욕망을 이해하는 인문학의 언어로 본다면, 광고는 더 이상 우리를 조종하는 도구가 아니라 '생각하게 하는 텍스트'가 된다.

광고 속 유혹은 우리에게 이렇게 속삭인다.

"당신이 원하는 건 이 물건이 아니라, 그 물건을 통해 얻을 행복이죠."

그리고 인문학은 대답한다.

"그 행복은 이미 당신 안에 있습니다."

이 깨달음이 생기는 순간, 우리는 더 이상 광고의 소비자가 아니라, 광고를 해석하는 주체가 된다. 그것이 광고 시대를 살아가는 인문학적 태도다.

늦잠이 주는 작지만 큰 행복

토요일 아침, 알람이 울리지 않는다. 평소라면 이미 출근길 버스에 몸을 맡기고 있을 시간, 하지만 오늘은 달콤한 이불 속에서 미묘하게 따뜻한 공기가 퍼진다. 창문 사이로 들어오는 햇살은 평일보다 조금 더 부드럽고, 머리맡 시계의 초침 소리마저 느릿하게 들린다. 잠결에 몸을 뒤척이며 이불을 더 감싸는 그 순간, 머릿속에 스치는 생각이 있다.

"조금만 더 자도 되겠지."

평소 같으면 죄책감이 들었을 그 한마디가 오늘은 마치 위로처럼 들린다. 눈을 감고 다시 잠에 빠지는 사이, 세상은 여전히 분주하게 돌아가지만 내 시간은 잠시 멈춘다. 늦잠은 게으름이 아니라, 스스로에게 주는 가장 인간적인 휴식일지도 모른다.

인문학적으로 보면 늦잠은 단순한 수면이 아니라 '시간에 대한 저항'이다. 현대 사회는 속도를 미덕으로 여긴다. 빨리 일어나야 성공하고, 부지런해야 존중받는다. 하지만 이 '부지런함의 문화'는 종종 인간을 기계처럼 만들었다. 우리는 효율을 위해 살아가면서, 정작 왜 그렇게 서두르는지 잊어버린다. 늦잠은 그 속도를 멈추게 하는 작은 반란이다. 시계의 숫자를 거부하고, 세상의 리듬 대신 나만의 리듬을 찾는 행위다. 어쩌면 늦잠은 인간이 '자신의 시간'을 되찾는 가장 단순하고도 본능적인 방법일지 모른다.

사회학자 하르트무트 로자는 현대를 '가속의 시대'라고 불렀다. 기술이 발전할수록 삶의 속도는 빨라지고, 우리는 늘 '시간이 부족하다.'고 느낀다. 하지만 아이러니하게도, 우리는 예전보다 훨씬 많은 시간을 갖고 있다. 문제는 시간의 양이 아니라 질이다. 아무리 시간이 많아도 '나를 위한 시간'이 아니면 피로는 쌓인다. 늦잠은 그런 점에서 시간의 질을 바꾸는 행위다. 그것은 '아무것도 하지 않음'의 시간, 다시 말해 인간다운 여유를 회복하는 시간이다.

늦잠은 단순한 수면의 연장이 아니라, 몸과 마음의 균형을 맞추는 과정이다. 우리는 종종 정신이 앞서가고 몸이 따라오지 못할 때 피로를 느낀다. 그러나 늦잠을 자면 그 관계가 역전된다. 몸이 먼저 쉬고, 마음이 천천히 따라간다. 이때 인간은 비로소 '살아있음'을 느낀다. 과학적으로도 수면은 기억을 정리하고 감정을 회복시키는 역할을 한다. 하지만 인문학적으로 보면, 늦잠은 단순한 생리적 회복을 넘어 '존재의 재정렬'이다. 그것은 나 자신을 세상으로부터 잠시 분리시키고, 내 안의 고요함과 다시 연결되는 시간이다.

흥미로운 점은, 늦잠이 주는 행복이 '무언가를 하지 않음'에서 비롯된다는 것이다. 우리는 평소에 행복을 늘 '행동'에서 찾는다. 여행을 가야하고, 목표를 달성해야 하고, 성취를 이뤄야 한다고 믿는다. 하지만 늦잠은 그 반대다. 아무것도 하지 않아도 행복할 수 있다는 것을 보여준다. 이 단순한 진리가 얼마나 어려운지 생각해보면, 늦잠의 가치가 더 크게 다가온다. 늦잠은 '멈춤의 미학'을 가르쳐준다. 세상이 달려가는 동안, 나는 잠시 멈춘다. 그리고 그 멈춤 속에서 비로소 내가 어디쯤 와 있는지를 돌아본다.

이 '멈춤'은 단지 게으름이 아니라, 깊은 성찰의 시작이다. 인간은 멈추지 않으면 자신을 볼 수 없다. 늦잠은 무의식의 상태에서 스스로를 재정비하게 한다.

"이만하면 됐어."

"오늘은 아무 일도 하지 않아도 괜찮아."

이런 생각이 스며드는 순간, 우리는 사회가 정해준 성공의 기준에서 벗어나 '나만의 행복'을 느낀다. 철학자 한병철은 『피로사회』에서 이렇게 말했다.

"오늘날 인간은 더 이상 외부의 압력에 시달리지 않는다. 대신 스스로를 채찍질한다."

늦잠은 바로 그 채찍을 내려놓는 시간이다. 자기 자신을 용서하고, 스스로에게 관대해지는 연습이다.

그러나 우리는 여전히 늦잠을 '게으름'으로 여긴다. 아침에 늦게 일어나면 어딘가 죄책감이 밀려온다. 세상은 이미 움직이는데 나만 멈춰 있는 것 같기 때문이다. 하지만 그 죄책감은 사회가 만든 환상일지도 모른다. '일찍 일어나는 새가 벌레를 잡는다.'는 속담은 생산성과 경쟁의 시대가 만들어낸 신화다. 인문학적으로 보면, 인간의 가치는 일의 양이 아니라 '깨어 있는 순간의 질'로 결정된다. 늦잠을 자도, 그 시간이 나를 회복시켰다면 그건 게으름이 아니라 지혜다.

늦잠은 우리에게 중요한 질문을 던진다.
"나는 왜 늘 서두르며 살아가는가?"

늦잠을 통해 우리는 깨닫는다. 세상은 아무리 급해도, 인간의 시간은 결국 인간의 속도로 흘러야 한다는 것을. 조금 늦게 일어났다고 해서 하루가 망가지는 것은 아니다. 오히려 그 느림 속에서 하루가 다시 살아난다. 눈을 뜨자마자 밀려드는 할 일 대신, 햇살 한 줄기의 따스함을 느낄 수 있는 여유. 그것이 진짜 인간의 시간이다.

늦잠은 세상을 이기는 게 아니라, 세상에 휩쓸리지 않는 법을 가르쳐준다. 우리는 그것을 통해 '쉬어도 괜찮다.'는 사실을 배운다. 나를 돌보는 일은 결코 낭비가 아니다. 잠시 멈춘다는 건 포기가 아니라 회복의 시작이다. 늦잠은 그래서 단순한 휴식이 아니라, 자기 존중의 표현이다.

인문학은 우리에게 이렇게 말한다. 인간은 기계가 아니라 '느낌으로 사는 존재'라고. 늦잠은 그 느낌을 되찾는 시간이다. 피곤함 속에서도 마음 한구석에 남은 따뜻한 여유, 그 여유가 삶을 지탱한다. 늦잠은 세상의 속도를 잠시 멈추게 하며, '나답게 살아가는 법'을 다시 일깨운다.

그러니 다음번에 늦잠을 잤다고 해서 스스로를 탓하지 말자. 그것은 나태가 아니라 회복이다. 세상은 늘 우리에게 더 빨리, 더 많이, 더 열심히를 요구하지만, 인간은 그 속도에서 벗어나야 진짜 자신을 만날 수 있다. 늦잠은 하루의 낭비가 아니라, 인간으로서의 균형을 되찾는 짧은 여행이다. 따뜻한 이불 속에서 잠시 더 머무는 그 순간, 우리는 잊고 있던 삶의 속삭임을 듣는다.

"괜찮아, 지금 이대로도 충분해."

늦잠의 행복은 그렇게 조용히 우리를 안아준다.

산책길 나무에게 배우는 여유

바람이 조금 선선해진 오후, 동네 공원으로 향하는 길은 언제나 비슷하지만 매번 다른 풍경으로 느껴진다. 스마트폰을 주머니에 넣고 고개를 들면, 길가의 가로수가 유난히 또렷하게 보인다. 그 나무들은 아무 말도 하지 않지만 묘하게 사람의 걸음을 늦춘다. 바쁜 출근길에는 존재조차 의식하지 못하던 나무들이, 퇴근길에는 꼭 말을 걸어오는 듯하다. 잎사귀 사이로 스며드는 빛이 하루의 끝을 조용히 물들일 때, 문득 이런 생각이 든다.

"저 나무는 왜 늘 그 자리에 서 있을까?"

바람이 불면 흔들리고, 비가 오면 젖지만, 나무는 늘 그 자리를 지킨다. 그 느림과 묵묵함 속에 인간이 잃어버린 여유가 숨어 있다.

나무는 움직이지 않는다. 그러나 그 정적인 존재가 주는 메시지는 역동적이다. 현대인은 늘 '이동' 속에서 의미를 찾는다. 더 나은 직장으로, 더 큰 집으로, 더 많은 기회로 나아가려 애쓴다. 하지만 나무는 정반대다. 한 자리에 뿌리를 내리고 사계절을 견디며, 제자리를 지키는 것으로 존재의 의미를 완성한다. 이 차이는 단순한 생물학적 특성이 아니라 철학적 질문을 던진다. '움직이는 삶만이 성장일까?' 인간은 늘 변화를 추구하지만, 변화의 목적을 잃으면 방향 없는 불안 속을 헤맨다. 반면 나무는 움직이지 않아도 성장한다. 땅속 깊이 뿌리를 내리며, 눈에 보이지 않는 방식으로 자신의 세상을 확장해 나간다.

산책길을 걷다 보면 나무가 주는 '시간의 감각'이 달라진다. 우리는 하루를 시계로 나누지만, 나무는 계절로 세상을 읽는다. 봄에는 연둣빛 잎을 피우고, 여름에는 그늘을 내주며, 가을에는 색을 바꾸고, 겨울에는 비워낸다. 이 순환은 우리에게 중요한 것을 일깨운다. '모든 일에는 때가 있다.'는 단순한 진리다. 그러나 우리는 너무 자주 서두른다. 열매가 맺히기도 전에 걱정하고, 가지가 자라기도 전에 잘라버린다. 그 결과 인생은 늘 조급함 속에서 흔들린다. 나무는 그럴 때마다 말없이 말한다.

"기다려도 괜찮아. 네 시간은 흘러가고 있으니까."

나무를 바라보면 인간의 감정이 비춰진다. 비가 내릴 때마다 축 처진 잎사귀는 우리의 피곤한 하루 같고, 햇살에 반짝이는 가지는 작은 기쁨의 순간 같다. 인문학은 이런 감정의 투사를 '공감의 확장'이라 부른다. 인간이 사물에 의미를 부여하는 순간, 세상은 더 이상 무생물이 아니라 대화의 대상이 된다. 산책길의 나무도 마찬가지다. 우리는 그것을 보며 단순한 식물이 아니라, '묵묵히 살아가는 존재'로 느낀다. 그러면서 스스로에게 묻는다.

"나는 요즘 너무 빨리 살고 있지 않은가?"

나무는 대답하지 않지만, 그 침묵 속에 답이 있다.

또한 나무는 '비움의 미학'을 보여준다. 겨울이 되면 나뭇잎을 모두 떨어뜨리고 홀로 남는다. 가지는 앙상하지만, 그것은 생존을 위한 선택이다. 에너지를 모아 새로운 봄을 준비하기 위해서다. 우리는 종종 이 과정을 실패로 착각한다. 무언가를 잃는 순간 불안해하고, 공백을 견디지 못한다. 하지만 나무는 안다. 진짜 성장은 채움이 아니라 비움에서 온다는 것을. 삶에서도 마찬가지다. 너무 많은 일을 쥐고 있을 때보다, 잠시 멈추고 내려놓을 때 진짜 여유가 찾아온다. 나무처럼 때를 알고 비워낼 줄 아는 삶, 그것이 인간이 배워야 할 인문학적 태도다.

철학자 하이데거는 인간을 '세계 속에 던져진 존재'라 했다. 그 말처럼 인간은 늘 어딘가로 향하려 애쓴다. 하지만 나무는 '머무는 존재'다. 그 차이는 단순한 움직임의 유무가 아니라 '존재의 방식'의 차이다. 인간은 바쁘게 움직이면서도 종종 공허함을 느낀다. 반면 나무는 고요히 서 있으면서도 충만하다. 그 이유는 단순하다. 나무는 자신이 있어야 할 곳을 안다. 반면 인간은 자주 자신이 어디에 있는지 잊는다. 산책길의 나무를 바라볼 때 우리는 그 단순한 진리를 되새긴다.

"지금 이 자리, 이 순간이 내 삶의 일부다."

나무는 또 다른 의미에서 인간관계를 닮았다. 가지와 가지가 서로 얽히고 부딪히지만, 서로의 공간을 존중하며 함께 자란다. 뿌리는 서로 얽혀 있어 한 나무가 흔들릴 때 다른 나무가 버팀목이 된다. 인간도 그렇다. 누군가에게 의지하고, 때로는 지탱해주며 함께 성장한다. 나무의 숲은 하나의 사회이자 공동체다. 그 안에서 각 나무는 자신의 역할을 알고, 비교하지 않는다. 키가 작은 나무는 그늘 아래서 꽃을 피우고, 큰 나무는 바람을 막아준다. 우리는 이 숲의 질서 속에서 배운다. 경쟁보다 조화가 더 오래 남는다는 사실을.

산책길에서 나무를 바라보는 일은 단순한 여가가 아니라 마음의 정화다. 나무는 말을 하지 않지만, 그 존재만으로도 많은 것을 말해준다. '서두르지 말라.', '비워야 채워진다.', '너는 이미 충분하다.' 이런 말들을 나무는 바람결에 속삭인다. 우리는 그 말들을 들을 준비만 하면 된다. 스마트폰 화면을 잠시 내려놓고 고개를 들면, 세상은 그렇게 다정하게 말을 건다.

인문학적으로 보면, 나무는 '존재의 완결형'이다. 더 가질 필요도, 더 될 필요도 없다. 그저 자신의 자리를 지키며 세상과 조화롭게 호흡한다. 인간도 마찬가지다. 우리는 늘 더 나은 내일을 꿈꾸며 오늘을 희생하지만, 사실 삶의 본질은 지금 여기에 있다. 산책길의 나무처럼, 가만히 서서 세상을 느끼는 시간 속에서 진짜 나를 발견한다.

그래서 산책은 단순한 운동이 아니라 철학의 연습이다. 나무를 바라보며 걷는 순간, 우리는 시간의 흐름을 체험하고, 자연의 질서를 배운다. 나무는 계절을 받아들이고, 인간은 그 속에서 삶을 배우며 다시 자신을 이해한다. 그때 비로소 우리는 깨닫는다. '삶의 여유는 먼 곳에서 오는 것이 아니라, 바로 이 길 위의 나무처럼 내 곁에 있었다는 것을.' 그리고 그 여유는 생각보다 오래, 조용히 우리 안에 남는다.

12
영화관의 눈물 한 방울

불이 꺼지고 스크린이 켜지는 순간, 세상의 소음은 사라지고 오직 이야기만 남는다. 영화관 안은 어둡지만 묘하게 따뜻하다. 팝콘 냄새, 탄산음료의 거품 소리, 그리고 스피커를 타고 흐르는 잔잔한 배경음악. 주인공이 사랑을 잃거나 꿈을 포기하는 장면이 나올 때, 누군가는 눈가를 훔친다. 아무도 모르게 떨어지는 그 한 방울의 눈물은 단지 영화 속 인물의 슬픔 때문만이 아니다. 사실 그 눈물은 '내 이야기'이기도 하다. 스크린 속 장면은 거대한 거울이 되어 우리 마음속 감정을 비춘다. 영화관의 어둠은 감정을 숨기기 위한 공간이자, 마음을 드러낼 수 있는 가장 안전한 장소다.

왜 사람들은 영화에 울까? 논리적으로 따지면, 우리는 그것이 현실이 아니라 허구임을 알고 있다. 그러나 감정은 이성보다 훨씬 빠르게 반응한다. 심리학자들은 이를 '정서적 전이'라고 부른다. 즉, 타인의 감정이나 상황을 보고도 마치 내 일처럼 느끼는 현상이다. 인간은 이야기 속 인물에 자신을 투영하고, 그가 느끼는 슬픔과 기쁨을 함께 경험한다. 그래서 영화는 단순한 오락이 아니라, 감정의 거울이자 인간 이해의 장이다. 인문학적으로 보면, 영화는 철학의 대중적 형태다. 철학이 언어로 인간의 내면을 탐구한다면, 영화는 이미지와 음악으로 그것을 전달한다.

흥미로운 점은, 영화 속에서 흘리는 눈물이 현실의 눈물보다 훨씬 해방감을 준다는 것이다. 현실에서는 쉽게 울 수 없지만, 영화관에서는 다르다. 아무도 보지 않기 때문이다. 그 어둠 속에서 우리는 비로소 '감정의 허락'을 받는다. 억눌려 있던 슬픔, 피로, 상처가 영화의 흐름을 따라 서서히 녹아내린다. 어떤 사람은 가족 영화에서 부모를 떠올리고, 어떤 사람은 성장 영화 속 주인공을 보며 자신을 본다. 결국 눈물은 슬픔이 아니라 '공감의 증거'다. 인간은 타인의 이야기 속에서 자기 자신을 발견할 때 울게 된다.

영화는 시대의 거울이기도 하다. 어떤 영화가 유행하는지를 보면, 그 시대 사람들이 무엇에 공감하고, 무엇을 두려워하는지를 알 수 있다. 경제 위기의 시기에는 희망을 이야기하는 영화가 인기를 끌고, 사회적 혼란의 시기에는 정의와 질서를 다룬 영화가 사랑받는다. 이처럼 영화는 단순한 상업 콘텐츠가 아니라, 집단의 감정이 투영된 '문화의 기록'이다. 한편으로 영화 속 인물들은 종종 우리가 현실에서 되고 싶지만 될 수 없는 존재이기도 하다. 그래서 우리는 스크린을 통해 대리 만족을 느끼고, 그 과정에서 스스로의 한계를 받아들이게 된다.

영화관에서 눈물을 흘린다는 것은 단순한 감정 표현이 아니다. 그것은 '감정의 기억'을 되찾는 행위다. 현대인은 감정을 효율로 관리한다. 바쁘다는 이유로 슬픔을 미루고, 눈물을 삼킨다. 하지만 인간은 감정을 억누를수록 더 피로해진다. 인문학에서는 이런 현상을 '정서적 억압'이라 부른다. 눈물은 그 억압의 해소다. 영화관에서 흘리는 눈물 한 방울은 단순한 감정의 폭발이 아니라, 삶의 균형을 되찾는 작은 회복이다.

또한 영화는 인간의 '공동 감정'을 형성한다. 같은 장면에서 수많은 관객이 동시에 웃고 울 때, 우리는 서로 다른 인생을 살고 있어도 '같은 감정'을 나눈다. 그것은 인간이 언어 없이도 연결될 수 있다는 증거다. 이런 경험은 공동체적 공감을 강화한다. 철학자 마르틴 부버는 "인간은 '나와 너'의 관계 속에서 존재한다"고 했다. 영화는 바로 그 '나와 너'를 연결하는 매개체다. 스크린 속 인물은 허구이지만, 그가 전하는 감정은 진짜다. 그 진짜 감정이 낯선 사람들 사이를 하나로 묶는다.

더 나아가 영화의 눈물은 '자기 성찰'의 시작이기도 하다. 어떤 장면에서 이유 없이 눈물이 날 때가 있다. 그때 우리는 묻는다.

"왜 울었을까?"

그 질문을 따라가다 보면, 내 안의 상처나 그리움이 드러난다. 예를 들어 주인공이 용서를 구하는 장면에서 눈물이 났다면, 어쩌면 내가 누군가에게 미안했던 마음이 아직 남아 있는 것이다. 영화는 우리의 마음속 깊은 감정을 비춰주는 거울이다. 인간은 스스로를 이해하기 위해 이야기를 본다. 그래서 인문학에서 영화는 '감정의 철학'이라 불린다.

이야기 속 눈물은 때로 '해방의 눈물'이 된다. 사회 속에서 우리는 늘 강해야 한다는 압박을 받는다. 실패하면 안 되고, 약하면 안 되고, 흔들려서도 안 된다. 하지만 영화는 그 모든 규칙을 잠시 멈추게 한다. 주인공이 쓰러지고 울 때, 우리는 그를 통해 '약해져도 괜찮다.'는 위로를 받는다. 그 위로는 때로 한 편의 심리치료보다 강력하다. 결국 영화의 본질은 '공감의 예술'이다.

영화관의 어둠 속에서 흘린 눈물은 부끄러움이 아니다. 그것은 인간으로서 가장 자연스러운 순간이다. 영화 속 한 장면이 우리의 마음을 건드리는 이유는, 거기 담긴 감정이 '보편적'이기 때문이다. 사랑, 상실, 용서, 두려움. 이 모든 감정은 시대를 넘어 모든 인간이 공감하는 주제다. 인문학은 바로 이 '공통된 감정의 언어'를 탐구한다. 우리가 영화에 감동하는 것은, 결국 인간이 서로 얼마나 닮아 있는지를 느끼기 때문이다.

눈물은 우리에게 이렇게 속삭인다.

"당신은 아직 느낄 수 있는 사람입니다."

바쁘고 냉정한 세상 속에서도 감정이 살아 있다는 증거, 그것이 영화관의 눈물이다. 영화는 우리에게 생각하게 하지 않고, '느끼게' 만든다. 그리고 그 느낀다는 행위 자체가 인문학의 시작이다. 느낀다는 것은, 세상을 다시 인간의 언어로 이해하려는 첫 걸음이기 때문이다.

스크린이 꺼지고 불이 켜지면, 우리는 다시 현실로 돌아온다. 하지만 마음 한켠에는 여전히 영화의 잔향이 남아 있다. 그것은 단순한 여운이 아니라, 작은 변화의 씨앗이다. 어떤 사람은 가족에게 전화를 걸고, 어떤 사람은 오랫동안 미뤄둔 꿈을 다시 떠올린다. 그렇게 영화의 눈물은 현실의 변화를 만들어낸다.

영화관의 한 방울 눈물은 인문학이 말하는 '자기 이해'의 첫걸음이다. 그것은 나의 감정을 인정하고, 타인의 이야기에 마음을 여는 순간이다. 우리는 영화 속에서 타인을 보고, 타인을 통해 자신을 본다. 그 깨달음이 주는 감정의 울림은 짧지만, 삶 속에서 오래 남는다. 다음 번 영화관에 들어갈 때, 그 어둠 속에서 흘릴 또 한 방울의 눈물은 단순한 감동이 아니라, 인간이 인간답게 살아 있다는 증거일 것이다.

13
카페 음악이 나를 움직이는 이유

어느 오후, 커피 한 잔을 들고 자리에 앉는다. 주변은 사람들로 가득하지만 묘하게 고요하다. 바리스타의 커피 내리는 소리, 잔이 부딪히는 소리, 그리고 그 위에 살짝 깔린 음악. 부드러운 재즈, 피아노 선율, 혹은 약간의 보사노바. 처음엔 아무 생각 없이 흘러가던 그 소리가 어느 순간 내 마음의 속도를 조절하기 시작한다. 급하게 두드리던 노트북 키보드의 리듬이 느려지고, 복잡했던 생각이 정리된다. 음악은 단순한 배경이 아니라, 이 공간의 공기를 바꾸는 보이지 않는 손처럼 느껴진다. 커피 향과 함께 흐르는 음악 속에서 사람들의 표정이 조금씩 편안해진다. 카페는 단순히 대화를 나누거나 일하는 공간이 아니라, '리듬 속의 쉼표'를 제공하는 작은 세계다.

음악은 인간의 감정에 직접적으로 작용하는 언어다. 단어가 없어도, 해석하지 않아도, 우리는 음악을 '느낀다.' 인문학적으로 보면, 음악은 인간의 감정 구조를 가장 솔직하게 드러내는 예술이다. 카페에서 들리는 음악이 특별한 이유는, 그 음악이 우리의 일상적인 생각의 속도를 바꾸기 때문이다. 커피 한 잔과 함께 흐르는 재즈는 복잡한 머릿속 회전을 느리게 만들고, 조용한 피아노 선율은 잠시 멈춰 숨을 고르게 한다. 사람들은 흔히 카페를 '일과 여가의 경계선'이라 부른다. 바로 그 경계에 음악이 있다. 음악은 우리의 집중력을 자극하면서도 동시에 마음을 이완시킨다.

음악의 심리학에서는 이를 '감정 동조'라고 설명한다. 인간의 뇌는 주변의 리듬에 맞춰 감정의 속도를 조절한다. 빠른 음악을 들으면 심장이 조금 더 빨리 뛰고, 느린 음악을 들으면 호흡이 안정된다. 카페의 음악은 이 원리를 잘 활용한다. 너무 빠르지도, 너무 느리지도 않은 템포, 사람의 말소리를 방해하지 않으면서도 정적을 막는 미묘한 균형. 이 음악은 '침묵의 배경'이 아니라 '집중의 리듬'이다. 우리가 카페에서 일할 때나 공부할 때 집중이 잘 되는 이유는, 바로 이 음악이 우리의 신경계를 안정시키고, 감정의 진동을 일정하게 유지시켜주기 때문이다.

그러나 음악의 역할은 단순히 감정을 조절하는 것을 넘어선다. 음악은 '기억의 열쇠'이기도 하다. 어떤 카페에서 들었던 노래를 우연히 다시 들었을 때, 그 순간의 공기, 냄새, 감정이 한꺼번에 떠오른 경험이 있을 것이다. 인문학적으로 이는 '감정적 회상'이라 한다. 인간의 뇌는 소리를 통해 기억을 저장한다. 그래서 음악은 시간을 초월해 과거의 나를 현재로 불러온다. 카페 음악은 단지 공간의 분위기를 만드는 것이 아니라, 우리의 하루를 하나의 감정으로 엮어주는 역할을 한다.

음악은 또한 인간의 사회적 연결을 돕는다. 카페에서 같은 노래를 들으며 미소 짓는 사람들은 서로를 몰라도 같은 리듬 속에 있다. 그 리듬은 일종의 '공감의 코드'다. 인류학적으로 보면 음악은 언어보다 오래된 소통 방식이다. 원시 인류는 말을 배우기 전, 리듬과 음성으로 감정을 주고받았다. 지금 우리가 카페에서 느끼는 편안함은, 어쩌면 그때의 본능적인 기억이 남아 있기 때문일지도 모른다. 음악은 인간이 세상과 조화를 이루는 첫 번째 언어였다.

또한 카페 음악은 '공간의 의미'를 바꾼다. 같은 공간이라도 어떤 음악이 흐르느냐에 따라 그곳의 분위기가 완전히 달라진다. 활기찬 팝이 흐르면 친구와 웃는 대화가 어울리고, 잔잔한 클래식이 흐르면 사색이 어울린다. 이처럼 음악은 공간의 정체성을 결정하는 무형의 장식이다. 인문학적으로 볼 때, 카페 음악은 '일상의 미학'을 구성하는 한 요소다. 사람들은 그곳에 가서 커피를 마시지만, 사실은 '느낌'을 마시고 있는지도 모른다.

음악은 우리의 내면의 리듬과 세상의 리듬을 이어준다. 우리가 스트레스를 받을 때 음악을 듣는 이유는, 마음속 혼란의 진동을 음악의 규칙적인 파동으로 정렬시키기 위함이다. 카페 음악이 특별히 마음을 편안하게 하는 이유는, 그 리듬이 우리의 일상 리듬과 닮아 있기 때문이다. 너무 격렬하지도, 너무 느리지도 않은, 적당히 일상적인 템포. 그것은 현대인이 가장 그리워하는 '평균적인 시간의 흐름'이다.

카페 음악은 단순한 배경이 아니다. 그것은 우리가 무의식적으로 찾는 '마음의 속도'다. 바쁘게 흘러가는 세상 속에서, 우리는 끊임없이 무언가를 해야 한다는 압박감에 시달린다. 그러나 카페에 앉아 조용히 음악을 듣고 있을 때, 세상의 속도는 잠시 멈춘다. 그 멈춤은 단순한 쉼이 아니라, 내 안의 시간을 다시 맞추는 과정이다. 음악은 우리 안에 숨어 있던 감정을 부드럽게 두드리며 이렇게 말한다.

"지금 이 순간을 느껴도 괜찮아."

인문학적으로 보면, 음악은 인간의 삶을 조율하는 리듬이다. 우리는 태어나면서부터 심장의 박동으로 음악을 듣기 시작했다. 그 리듬은 평생 우리 안에서 흐르고, 삶의 불협화음을 만날 때마다 우리는 음악을 통해 다시 조화를 찾는다. 카페에서 흘러나오는 피아노 한 소절은 단순한 소리가 아니라, 우리 내면의 리듬을 다시 맞추는 '감정의 메트로놈'이다.

그래서 카페 음악이 우리를 움직이는 이유는 단순하다. 그것은 우리 안에 있는 '삶의 박동'을 깨우기 때문이다. 음악은 우리를 조용히 흔들고, 생각을 멈추게 하며, 마음을 정돈시킨다. 그 순간 우리는 느낀다.

"아, 살아 있다는 건 이런 거구나."

카페에서 흘러나오는 한 곡의 노래가 때로 인생의 리듬을 되찾게 한다. 그것이 음악의 힘이자 인문학의 의미다. 음악은 인간을 위로하고, 연결하며, 살아 있음을 느끼게 하는 '보이지 않는 언어'다. 그리고 카페는 그 언어가 가장 자연스럽게 들리는 작은 무대다. 커피 향이 감각을 깨우고, 음악이 마음을 채운다. 그 조화로운 순간, 우리는 비로소 삶의 박동에 귀 기울인다.

"오늘 하루, 그래도 괜찮다."

그 한마디가 음악 속에서 조용히 흘러나오는 듯하다.

휴대폰 배터리 1%의 불안

퇴근길, 버스 안. 창밖으로 저녁 노을이 물들고 사람들의 손엔 각자의 스마트폰이 쥐어져 있다. 나 역시 그 중 한 명이다. 하지만 화면 오른쪽 위, 그 작은 숫자가 눈에 들어온다. 배터리 1%. 단지 숫자 하나가 떨어졌을 뿐인데 갑자기 마음이 조급해진다. '충전기를 들고 나올 걸.' '혹시 중요한 전화 오면 어쩌지?' '이제 곧 꺼지면 인터넷도 못 하잖아.' 평소엔 아무렇지 않던 마음이 갑자기 불안으로 덮인다. 주변 사람들의 화면은 밝게 빛나는데, 내 손안의 화면은 점점 어두워진다. 그리고 그 순간, 휴대폰이 꺼진다. 정적. 낯선 도시 한복판에 혼자 남겨진 듯한 느낌이 스친다. 그저 기계의 전원이 꺼졌을 뿐인데, 마치 세상과 단절된 듯한 감정이 밀려온다.

인문학적으로 보면 이 단순한 경험은 현대인의 심리를 압축적으로 보여준다. 우리는 언제부터인가 휴대폰의 배터리 잔량을 '삶의 안정감'과 동일시하게 되었다. 배터리가 가득 차 있을 때는 마음이 든든하고, 10% 아래로 내려가면 왠지 불안하다. 이 현상은 단순한 기술 의존을 넘어 인간의 '심리적 연결 욕구'를 보여준다. 인간은 본능적으로 타인과 세상과 연결되어 있어야 안심한다. 휴대폰은 그 연결의 상징이다. 그래서 배터리 1%는 단순히 전력의 부족이 아니라 '관계 단절의 공포'를 의미한다.

심리학에서는 이를 '디지털 의존 불안(Digital Anxiety)'이라 부른다. 정보, 연락, 지도, 음악. 현대인의 하루는 모두 스마트폰을 중심으로 돌아간다. 그만큼 우리는 끊임없이 연결되어 있음을 확인해야 한다. 알림이 울리지 않으면 불안하고, 답장이 늦으면 초조하다. 이런 상태에서 배터리 1%는 곧 '세상으로부터의 단절'을 상징한다. 인간의 본능적인 소속감이 위협받는 순간, 마음은 공황에 가까운 불안을 느낀다.

이 불안의 근원은 '통제감'에 있다. 인간은 자신이 세상을 통제하고 있다고 느낄 때 심리적 안정감을 얻는다. 하지만 배터리가 1%가 되는 순간, 우리는 그 통제력을 잃는다. 더 이상 전화를 걸 수도, 메시지를 보낼 수도, 길을 찾을 수도 없다. 삶의 중심이던 디지털 도구가 멈추면, 마치 나의 일부가 멈춘 듯 느껴진다. 인문학적으로 보면 이는 '기술과 인간의 경계가 모호해진 시대'의 징후다. 인간은 도구를 만들었지만, 이제는 도구가 인간의 정체성을 규정한다.

휴대폰의 배터리는 현대 사회에서 '존재의 심장 박동'처럼 기능한다. 우리가 매일 확인하는 그 숫자는 실제로는 '나의 연결 상태'를 확인하는 행위다. 전기가 아니라 관계의 에너지, 정보의 에너지다. 그래서 배터리가 1% 남았다는 건, 나의 세상이 곧 침묵할 것이라는 신호로 받아들여진다. 예전 시대에는 촛불이 꺼지면 어둠이 왔고, 지금은 배터리가 꺼지면 고립이 온다. 이 변화는 단순한 기술 진보가 아니라 인간의 '존재 방식'의 변화다.

그러나 이 불안은 역설적으로 인간의 '관계 욕구'를 증명한다. 우리는 세상과 연결되어야만 마음이 편하다. 혼자 있는 것보다 '함께 있음'을 원한다. 그런데 아이러니하게도, 휴대폰은 연결의 도구이자 동시에 고립의 도구다. 수많은 연락과 알림 속에서도 정작 마음은 외롭다. 배터리 1%가 남았을 때의 불안은, 어쩌면 우리가 '진짜 연결'이 아닌 '가상의 연결'에 너무 의존하고 있다는 신호일지도 모른다.

이 불안은 기술의 문제가 아니라 '존재의 문제'로 이어진다. 우리는 왜 이렇게까지 항상 연결되어 있어야만 안심할까? 인문학은 여기에 질문을 던진다. 고대 철학자 에픽테토스는 '통제할 수 없는 것에 마음을 쓰지 말라'고 말했다. 하지만 현대인은 통제할 수 없는 것, 배터리, 네트워크, 알림에 자신의 마음을 내맡겼다. 결국 우리는 '스스로를 통제하지 못하는 인간'이 되어버린 셈이다.

흥미롭게도, 휴대폰이 꺼진 순간 느껴지는 불안 뒤에는 이상한 평화도 있다. 처음 몇 분은 초조하지만, 곧 세상의 소음이 사라지고 오랜만에 '나의 생각'이 돌아온다. 화면이 꺼지고, 음악이 멈추고, 알림이 사라지면, 오히려 마음이 고요해진다. 평소엔 끊임없이 반응하며 살아왔던 감각이 잠시 멈춘다. 그것은 두려우면서도 해방감 있는 경험이다. 인간이 기술의 소음에서 벗어나 자신을 마주할 때, 비로소 '존재의 조용한 리듬'을 느낀다.

이처럼 배터리 1%의 순간은 단순한 불편이 아니라, 현대인의 '의존과 자율의 경계'를 보여주는 장면이다. 우리는 기술에 의존하지만, 동시에 그 의존으로부터 자유로워지고 싶어 한다. 휴대폰을 손에 쥔 채로 세상과 연결되어 있지만, 진짜로 연결되어 있는지는 의문이다. 배터리가 꺼진 순간 느껴지는 두려움은 사실 '단절'이 아니라 '자기와의 재회'일지도 모른다.

배터리 1%는 인간의 불안을 상징하지만, 동시에 중요한 깨달음을 준다. 인간은 기술로 세상을 편리하게 만들었지만, 마음의 평화까지는 만들지 못했다. 오히려 기술은 새로운 형태의 불안을 낳았다. 그러나 그 불안 속에는 우리가 진짜로 원하는 것이 무엇인지에 대한 힌트가 숨어 있다. 우리는 '연결' 그 자체를 원하는 것이 아니라, '의미 있는 연결'을 원한다. 단순히 네트워크 안에 속해 있는 것이 아니라, 누군가와 진짜 마음을 주고받는 관계. 그것이 없을 때, 우리는 배터리 잔량 하나에도 흔들린다.

인문학은 이렇게 묻는다.

"당신의 마음의 배터리는 몇 퍼센트인가?"

물리적 배터리보다 더 중요한 것은 '정신의 충전'이다. 아무리 전원이 가득 차 있어도, 마음이 지쳐 있다면 삶은 어두워진다. 때때로 스마트폰을 내려놓고 세상을 직접 바라볼 필요가 있다. 나뭇잎이 흔들리는 소리, 사람들의 웃음, 저녁노을의 색깔. 그런 것들이야말로 진짜 삶의 충전기다.

배터리가 꺼지는 순간 느껴지는 고요함 속에서 우리는 깨닫는다. 세상은 여전히 우리를 기다리고 있고, 연결되지 않아도 존재할 수 있다는 사실을. 인간은 기술 이전에도, 전기 이전에도, 관계와 사유 속에서 충분히 살아왔다. 진짜 힘은 '충전된 배터리'가 아니라, 꺼진 화면 속에서도 자신을 잃지 않는 마음이다.

배터리 1%의 불안은 그래서 '멈춤의 신호'다. 세상과의 연결을 잠시 끊고, 내 안의 세계로 돌아가라는 작은 초대장이다. 화면이 꺼진 자리에서 비로소 보이는 것들이 있다. 손 안의 빛이 사라질 때, 마음의 불빛이 켜진다. 그리고 우리는 깨닫는다.

"나를 움직이는 건 전기가 아니라, 생각이다."

그것이 배터리 1%가 남긴 인문학적 교훈이다.

15
농담이 관계를 부드럽게 하는 법

회의실의 공기는 묘하게 딱딱하다. 상사의 목소리는 단정하고 직원들은 고개를 끄덕이지만, 눈빛에는 피로가 묻어난다. 누군가 조심스레 손을 들고 아이디어를 제시하지만, 반응은 조용하다. 그때 한 사람이 장난스럽게 말한다.

"이 정도면 우리 팀은 진지함 분야 금메달이에요."

순간, 모두의 얼굴에 미묘한 웃음이 번진다. 웃음이 퍼지자 긴장감은 풀리고 대화의 리듬이 달라진다. 농담 한마디가 공기의 밀도를 바꿔놓은 것이다. 그 짧은 순간, 사람들은 서로를 다시 '사람'으로 본다. 이처럼 농담은 인간 사이의 '작은 윤활유'다. 그것이 없을 때 관계는 삐걱거리고, 그것이 흐를 때 분위기는 자연스러워진다.

인문학적으로 보면 농담은 단순한 말장난이 아니라 '소통의 기술'이다. 농담은 긴장을 풀고, 거리감을 줄이며, 신뢰를 만들어낸다. 철학자 아리스토텔레스는 '웃음은 인간만이 가진 고유한 능력'이라고 했다. 웃음은 단지 즐거움의 표현이 아니라, 상대방과의 관계를 다시 확인하는 행위다. 농담을 주고받는다는 것은 '당신과 나는 안전한 관계다.'라는 무언의 신호다. 그래서 농담이 통할 때, 인간관계는 훨씬 유연해진다.

심리학에서는 농담을 '사회적 완충 장치'라고 부른다. 갈등 상황이나 불편한 자리에서 농담이 등장하면 감정의 온도가 내려간다. 예를 들어 누군가 실수를 했을 때, '괜찮아요, 저도 어제 엘리베이터 문에 끼였어요.'같은 말은 상대의 체면을 지켜준다. 이는 웃음을 이용한 '감정의 중재'다. 인간은 직접적으로 위로를 받으면 오히려 불편함을 느낄 때가 있다. 하지만 농담은 우회적인 공감이다. 직접적으로 말하지 않아도, 웃음 속에 '괜찮다.'는 메시지가 담겨 있다.

또한 농담은 '지적 감각'의 표현이다. 좋은 농담은 타인을 웃기기 위한 말이 아니라, 상황을 다른 각도에서 바라보는 시선에서 나온다. 즉, 농담은 창의적 사고의 한 형태다. 사물을 다르게 보는 능력은 인문학의 핵심이기도 하다. 예를 들어 누군가가 '요즘 너무 바빠요.'라고 말했을 때, '그럼 바쁜 김에 일주일을 통째로 복사해볼까요?'라는 대답은 단순한 위트 같지만, 사실 '시간에 대한 인식'을 유쾌하게 전복시킨다. 이런 대화는 단순한 농담을 넘어 서로의 사고방식을 넓힌다. 농담이 지성을 만나면, 그것은 대화의 깊이를 더한다.

하지만 모든 농담이 관계를 부드럽게 만드는 것은 아니다. 타인을 조롱하거나, 상황을 무시하는 농담은 오히려 벽을 만든다. 농담의 힘은 '타이밍과 배려'에서 나온다. 인문학적으로 보면, 진정한 유머는 타인을 웃기기 전에 '불편하게 만들지 않기 위한 공감'에서 출발한다. 상대가 불편하지 않을 선을 지키며 웃음을 주는 것, 그것이 진짜 유머다. 그래서 유머는 단순한 말솜씨가 아니라, '타인의 마음을 읽는 감수성'이다.

사회학자 어빙 고프먼은 인간 관계를 '무대 위의 연극'에 비유했다. 사람들은 각자의 역할을 수행하며 사회 속에서 살아간다. 이때 농담은 그 무대의 긴장을 풀어주는 즉흥적인 애드리브다. 그것은 역할을 잠시 내려놓고, 서로의 '진짜 얼굴'을 보여주는 순간이다. 농담이 통하는 관계는 서로를 신뢰한다는 의미다. 그 웃음 속에서 인간은 사회적 가면을 벗고, 존재의 온기를 나눈다.

농담은 또한 '언어의 놀이터'다. 우리는 일상에서 너무 진지하다. 모든 말에는 목적이 있고, 계산이 있다. 그러나 농담은 목적 없는 대화다. 그래서 자유롭다. 농담을 나누는 순간, 인간은 잠시 생산성의 논리를 벗어난다. 그 순간만큼은 '일을 하는 존재'가 아니라 '사는 존재'가 된다. 인문학적으로 보면, 농담은 인간이 언어를 가지고 노는 방식이다. 언어가 단지 정보 전달의 도구가 아니라, 감정의 교환이 될 때 인간은 더 따뜻해진다.

이와 함께 농담은 집단의 문화를 반영한다. 같은 농담도 문화권이나 세대에 따라 전혀 다르게 받아들여진다. 어떤 세대에게는 웃음이, 다른 세대에게는 불쾌함이 된다. 이것은 농담이 단순히 개인의 취향이 아니라 '공동체의 가치관'을 드러낸다는 뜻이다. 인문학적으로 볼 때, 사회의 유머 코드는 그 사회가 허용하는 자유의 범위를 보여준다. 웃을 수 있는 주제가 많을수록, 그 사회는 여유롭다. 반대로 농담이 금기시될수록, 그 사회는 경직되어 있다. 농담이 사라지는 사회는 웃음이 사라지는 사회다.

농담은 인간관계의 온도를 조절하는 작은 기술이지만, 그 속에는 깊은 철학이 담겨 있다. 우리는 웃음 속에서 타인을 이해하고, 마음의 벽을 허문다. 인문학적으로 보면, 웃음은 인간이 서로의 차이를 받아들이는 방식이다. 웃음이 터질 때, 우리는 '너와 나는 다르지만 괜찮다.'는 사실을 인정한다. 농담은 차이를 부드럽게 하는 언어다.

농담의 본질은 타인을 즐겁게 하는 데 있는 것이 아니라, '함께 웃는 순간'을 만드는 데 있다. 좋은 농담은 권력을 쥐지 않고, 관계를 나눈다. 그것은 '나는 너와 같은 편이다.'라는 미묘한 공감의 표현이다. 그래서 농담이 오가는 관계는 더 단단하다.

농담은 인간의 삶을 유연하게 만드는 지혜다. 너무 진지하면 관계는 경직되고, 너무 가벼우면 깊이를 잃는다. 농담은 그 사이를 잇는 다리다. 그것은 긴장과 무게를 잠시 내려놓고, 인간다움을 회복하는 시간이다. 인문학은 바로 이런 순간을 중요하게 여긴다. 삶의 본질은 진지함만으로 이루어지지 않는다는 사실을.

하루를 마치며 누군가와 웃을 수 있다는 건, 단순한 기쁨이 아니라 인간으로서의 회복이다. 농담 한마디로 분위기가 바뀌고, 마음이 풀리고, 관계가 가까워진다. 그건 마법이 아니라 인간의 본능이다. 그래서 인문학은 말한다.

"웃음은 이성이 잠시 쉬어가는 곳에서 피어난다."

농담이 관계를 부드럽게 하는 이유는, 그 웃음 속에 서로를 향한 이해와 따뜻함이 들어 있기 때문이다. 그 한마디 농담이 세상을 조금 더 인간답게 만든다.

16

미루기가 꼭 나쁜 걸까?

월요일 아침, 해야 할 일 목록이 빼곡히 적힌 노트를 바라보며 한숨이 새어나온다. 커피 한 잔을 마시며 '이 일부터 해야지.'라고 다짐하지만, 손은 자연스럽게 SNS를 켠다. 몇 분만 본다는 마음으로 시작했는데 어느새 30분이 흘렀다. 그제야 현실로 돌아와 노트를 다시 들여다본다. 하지만 마음은 이미 피로하다. '왜 나는 항상 미루는 걸까?'라는 자책이 시작된다. 누구나 이런 순간을 경험한다. 숙제, 보고서, 다이어트, 청소처럼 해야 한다는 걸 알면서도 이상하게 '나중에'로 미뤄지는 일들이 있다. 우리는 이를 게으름이라 부르며 자신을 탓하지만, 정말 미루는 습관은 무조건 나쁜 것일까? 그 안에는 인간적인 이유와 생각의 여지가 숨어 있다.

우선 미루기의 본질은 '회피'가 아니라 '심리적 조정'이다. 인간의 뇌는 스트레스를 느끼는 일을 앞에 두면 그 불안을 줄이기 위해 즉각적인 만족을 주는 행동으로 도망친다. 그래서 공부를 시작하려다 갑자기 방을 청소하거나, 중요한 전화를 하기 전에 갑자기 냉장고를 정리하는 것이다. 이건 단순한 게으름이 아니라 불안을 다루는 방식이다. 즉, 미루기는 마음속 긴장과 두려움을 완화하려는 일종의 자기방어 기제다. 인문학적으로 보면 인간은 항상 '지금의 나'와 '해야 할 나' 사이에서 균형을 잡으려 한다. 그 간극이 클수록 미루는 행동은 강해진다.

또한 미루기는 생각의 시간을 주기도 한다. 우리가 당장 행동하지 않는다고 해서 아무 일도 일어나지 않는 것은 아니다. 무의식은 계속 작동하고 있다. 예를 들어 글을 써야 하는 사람이 책상 앞에서 멍하니 커피만 마시고 있을 때, 머릿속에서는 이미 아이디어가 정리되고 있을 수도 있다. 이런 '의도적 미루기'를 심리학자들은 '생산적 지연'이라고 부른다. 실제로 많은 창의적인 아이디어는 일을 미루는 시간 속에서 떠오른다. 고흐가 그림을 그리기 전 며칠씩 산책만 했던 이유도, 아인슈타인이 문제를 해결하기 전 일부러 피아노를 쳤던 이유도 이와 비슷하다. 그들은 게을렀던 것이 아니라, 생각이 무르익을 시간을 준 것이다.

물론 모든 미루기가 좋은 건 아니다. 미루기가 습관이 되어 불안과 죄책감으로 이어질 때, 그것은 삶의 리듬을 무너뜨린다. 문제는 '얼마나 미루느냐'보다 '왜 미루느냐'에 있다. 어떤 사람은 완벽을 추구하기 때문에 시작을 미루고, 어떤 사람은 실패가 두려워 손을 대지 못한다. 미루기는 단순한 행동의 지연이 아니라 '감정의 신호'다. 그 신호를 읽을 수 있다면 미루기를 통해 오히려 자신을 이해할 수 있다. '지금 나는 왜 이 일을 피하고 있을까?'라는 질문은 자기 성찰의 시작이다. 인문학은 이런 질문을 통해 인간의 행동을 해석한다. 행동을 탓하기보다, 그 뒤에 숨은 마음을 바라보는 것이 더 중요하다.

사실 인간은 완벽히 효율적인 존재가 아니다. 모든 일을 계획대로 해내는 기계 같은 인간은 존재하지 않는다. 인간은 불완전하고 감정적이며, 때로는 충동적이다. 그렇기에 미루기는 인간다움의 증거이기도 하다. 완벽함만을 추구하면 오히려 창의성과 감정의 여백이 사라진다. 우리가 계획을 미루면서 느끼는 불안은, 동시에 '생각할 시간'을 확보하려는 본능이기도 하다. 현대 사회는 속도를 미덕으로 삼지만, 인문학은 말한다.

"모든 빠름에는 깊음이 사라진다."

미루는 순간은 어쩌면 깊이를 되찾는 시간일 수 있다.

철학적으로 보면 미루기는 '시간과의 관계'에서 비롯된다. 우리는 늘 시간에 쫓기며 살지만, 미루는 순간은 시간의 흐름을 잠시 멈춘다. 그때 인간은 '해야 할 일'이 아니라 '지금의 나'를 바라보게 된다. 일을 미루며 커피를 마시거나 창밖을 보는 그 순간, 인간은 무의식적으로 '존재의 의미'를 되묻는다. 이것이 인문학에서 말하는 사색의 시작이다. 그러므로 미루기는 게으름이 아니라 '자기 존재에 대한 일시적인 멈춤'일 수도 있다.

다만 이 멈춤이 길어지면 삶의 방향을 잃을 수 있다. 그래서 필요한 것은 '선택적 미루기'다. 예를 들어 당장 할 수 있는 일과 시간을 두고 생각해야 하는 일을 구분하는 것이다. 누군가에게 즉시 답장할 필요가 없는 메시지는 잠시 미뤄도 된다. 하지만 건강검진 예약이나 세금 신고처럼 책임이 따르는 일은 미뤄선 안 된다. 미루기를 통제할 수 있을 때, 그것은 삶의 지혜가 된다.

현대인의 미루기는 기술과도 관련이 깊다. 스마트폰 알림, 즉각적인 보상 시스템, SNS의 피드백 구조는 인간의 주의를 분산시킨다. 우리는 '지금 해야 할 일'보다 '지금 확인해야 할 알림'에 더 끌린다. 이렇게 외부 자극이 많을수록 인간의 집중력은 낮아지고, 미루기는 늘어난다. 그러나 이런 환경에서도 '의도적 미루기'를 활용할 수 있다. 예를 들어 일을 시작하기 전에 일부러 짧은 산책을 하거나, 커피를 마시며 생각을 정리하는 시간을 갖는 것이다. 그것은 단순한 지연이 아니라 '리듬을 조정하는 기술'이다.

미루기를 완전히 없애려는 시도는 오히려 자신을 더 몰아붙인다. 중요한 건 미루지 않는 삶이 아니라, '잘 미루는 삶'이다. 미루는 순간을 부정하지 말고, 그 시간을 어떻게 쓸지를 고민해야 한다. 때로는 미루는 동안 머릿속에서 새로운 연결이 생기고, 감정이 정리된다. 인문학은 인간의 불완전함 속에서 의미를 찾는 학문이다. 미루기도 그 불완전함의 일부다.

우리는 미루기를 두려워하지 말고 이해해야 한다. 그것은 우리 안의 불안, 완벽주의, 혹은 쉼에 대한 욕망의 표현일 수 있다. 해야 할 일을 잠시 내려놓을 때, 인간은 스스로에게 질문을 던진다.

"나는 왜 이 일을 해야 하지?"

"이 일이 정말 나에게 중요한가?"

이런 질문들이 쌓여 결국 자기 자신을 알게 된다.

미루기란 단순히 시간을 늦추는 행동이 아니라, 인간이 자신과 대화하는 방식이다. 그 대화 속에서 우리는 효율보다 진정성, 속도보다 방향을 배운다. 인문학의 시선으로 보면, 미루는 인간은 실패한 존재가 아니라 생각하는 존재다. 우리가 미루는 순간에도, 마음은 쉼 없이 자신을 탐색하고 있다. 그러니 미루는 나를 탓하지 말자. 그 시간 속에서도 우리는 조금씩 성장하고 있다. 느리지만, 더 깊게. 인문학은 그 느림 속에서 인간을 이해하고, 삶의 의미를 되찾는다.

17

유행을 따라가는 마음의 비밀

봄이 오면 거리의 옷가게마다 같은 색 옷이 걸리고, SNS에는 비슷한 카페와 음식 사진이 줄을 잇는다. 사람들은 '요즘은 이런 게 유행이 래'라는 말에 자연스럽게 고개를 끄덕인다. 어떤 이는 새로 산 옷을 입고 거리를 걸으며 묘한 안도감을 느낀다.

"그래, 나도 시대에 맞게 살고 있구나."

하지만 집에 돌아와 옷장을 열면 비슷한 옷이 가득하다. '도대체 나는 왜 또 이런 걸 샀을까?'라는 생각이 스친다. 이 장면은 단순한 소비 습관의 문제가 아니라, 인간의 마음 깊숙한 곳에 자리한 '소속의 욕망'을 보여준다. 우리는 유행을 따르며 안정을 얻고, 동시에 자신을 잃기도 한다. 그 모순 속에는 인간의 심리와 사회적 본성이 고스란히 담겨 있다.

유행은 인간이 집단 속에서 살아가며 생겨난 자연스러운 현상이다. 사회학자들은 유행을 '동조의 표현'이라고 말한다. 인간은 본능적으로 혼자 있는 것을 두려워하고, 집단의 일원으로 인정받고자 한다. 그래서 사람들이 비슷한 옷을 입고, 같은 말을 쓰고, 같은 취미를 가지려 한다. 그 안에는 '나도 너희와 같은 세계에 속해 있다.'는 무의식적인 신호가 숨어 있다. 인문학적으로 보면, 유행은 단순한 문화의 흐름이 아니라 인간의 사회적 본능이 표출된 결과다.

철학자 스피노자는 '인간은 자신과 비슷한 존재를 통해 안도감을 느낀다.'고 말했다. 우리가 남들과 비슷한 행동을 할 때 안정감을 느끼는 이유다. 유행을 따르는 것은 생각보다 훨씬 오래된 인간의 생존 전략이었다. 원시 시대의 인간은 무리를 지어 살아야 했다. 무리에서 벗어나면 생존 확률이 낮아졌기 때문에, 집단의 행동에 맞추는 것이 안전했다. 오늘날 우리가 '트렌드'를 따르는 것도 그 본능의 연장선이다. 다만 과거에는 생존을 위한 것이었다면, 지금은 정체성과 불안을 달래기 위한 심리적 장치로 바뀌었을 뿐이다.

그러나 유행을 맹목적으로 따르는 것은 또 다른 불안을 낳는다. SNS에서 '요즘 핫한 곳'에 가서 사진을 찍고 올렸는데, 좋아요가 기대보다 적을 때 우리는 묘한 허무함을 느낀다. 유행을 좇으며 얻은 것은 순간적인 인정이지만, 그 인정은 너무 쉽게 사라진다. 유행의 본질은 끊임없는 변화이기 때문이다. 오늘의 '최신'은 내일이면 '지난것'이 된다. 결국 유행은 우리를 안정시켜주는 동시에 끊임없이 불안하게 만든다.

심리학에서는 이를 '사회적 비교 이론'으로 설명한다. 사람은 자신을 절대적인 기준으로 보지 않고, 항상 타인과 비교하며 평가한다. 그래서 우리는 '남들이 하는 것'을 따라 해야 안심한다. 하지만 비교는 끝이 없다. 유행은 마치 미끄러운 경사면 같다. 위를 향해 달릴수록 더 많은 에너지를 쓰지만, 정상은 없다. 새로운 것이 끊임없이 등장하고, 우리는 그 흐름을 따라잡기 위해 다시 소비하고 다시 불안해한다. 그 속에서 '나'라는 존재는 점점 흐려진다.

그렇다면 유행을 완전히 거부하는 것이 답일까? 꼭 그렇지는 않다. 유행은 인간의 감수성을 자극하고, 시대의 흐름을 반영하는 중요한 문화적 신호이기도 하다. 예를 들어 한 시대의 패션이나 음악은 그 시대 사람들이 어떤 가치를 중요하게 여겼는지를 보여준다. 1980년대의 청바지와 록 음악에는 자유와 저항의 정신이 담겨 있었고, 오늘날의 미니멀한 디자인과 감성적인 음악에는 '과잉의 시대' 속에서 단순함을 찾는 마음이 담겨 있다. 즉, 유행은 시대의 언어이자 인간의 욕망이 투영된 거울이다. 문제는 그 언어를 '맹목적으로 따라가느냐', 아니면 '이해하고 선택하느냐'에 달려 있다.

유행을 인문학적으로 바라보면, 그것은 집단과 개인의 균형에 대한 이야기다. 우리는 혼자 살 수 없기에 집단의 리듬에 맞춰야 하지만, 동시에 자신만의 속도와 색깔을 지켜야 한다. 누군가는 최신 스마트폰을 사며 만족을 느끼고, 또 누군가는 낡은 휴대폰을 쓰며 자유를 느낀다. 둘 다 틀린 선택이 아니다. 중요한 것은 '이 선택이 진짜 나의 의지인가?'를 묻는 일이다. 유행이 나를 이끌고 가는 것이 아니라, 내가 유행을 선택할 수 있다면 그것은 '자기 인식'의 시작이다.

이때 인문학은 중요한 역할을 한다. 인문학은 우리에게 '왜?'라는 질문을 던지게 한다. 왜 나는 남들과 같은 옷을 입어야 안심할까? 왜 남들이 가는 카페에 가지 않으면 불안할까? 이런 질문은 단순히 유행을 비판하기 위한 것이 아니다. 자신의 욕망을 들여다보게 하는 과정이다. 우리는 흔히 유행을 '사회적인 것'이라 생각하지만, 사실 그것은 '개인의 내면'과도 깊이 연결되어 있다. 타인과 다르다는 사실이 두려운 이유는, 우리 안에 아직 '스스로를 신뢰하지 못하는 나'가 있기 때문이다.

유행은 우리에게 두 가지 길을 제시한다. 하나는 '함께 속하기 위한 길', 다른 하나는 '나로 서기 위한 길'이다. 두 길은 서로 반대처럼 보이지만, 사실 균형을 이루어야 한다. 우리는 집단 속에서 의미를 찾지만, 동시에 그 안에서 자기 자신을 잃지 않아야 한다. 유행을 따르는 것은 나쁜 것이 아니다. 다만 그것이 '자신의 선택'일 때만 의미가 있다.

유행을 인문학의 시선으로 보면, 그것은 인간이 끊임없이 '인정받고 싶은 존재'라는 사실을 보여준다. 그러나 진정한 자유는 남이 정한 기준을 따르는 데 있지 않고, 자신이 옳다고 느끼는 기준을 세우는 데 있다. 남들이 입는 옷을 입더라도, 그것을 선택한 이유가 '나에게 잘 어울리기 때문'이라면 그것은 유행이 아니라 개성이다. 인문학은 그 차이를 구분하게 해준다.

유행을 따르는 마음은 인간이 외로움을 피하고 싶어 하는 마음의 다른 표현이다. 우리는 모두 '같음' 속에서 위로를 찾고, '다름' 속에서 자아를 찾는다. 유행을 따르며 웃을 수도 있고, 유행을 벗어나며 자유를 느낄 수도 있다. 중요한 건 그 모든 과정 속에서 스스로에게 솔직해지는 것이다. '나는 왜 이것을 좋아할까?'라는 질문 하나가 우리를 더 깊은 자기 이해로 이끈다.

인문학은 이렇게 말한다.

"유행을 쫓지 말고, 그 속에서 자신을 찾아라."

세상의 흐름은 늘 변하지만, 나를 이해하는 힘은 사라지지 않는다. 그래서 유행을 따르는 마음은 나약함이 아니라, 인간다움이다. 다만 그 마음을 스스로 인식할 때, 우리는 더 이상 유행의 뒤를 쫓지 않는다. 그 순간부터 유행은 '따라가는 것'이 아니라, '이해하는 것'이 된다. 그것이 진정한 인문학적 태도다.

18
편의점 불빛 아래의 현대인

밤 열한 시가 넘은 시각, 도시의 거리는 이미 조용해졌지만 편의점만은 여전히 밝다. 초록빛 간판 아래로 한 남자가 천천히 걸어 들어간다. 그는 회사에서 야근을 마치고 집으로 가는 길에 들른 것이다. 계산대 옆 냉장고 앞에 서서 한참을 망설이다가 삼각김밥과 컵라면을 고른다. 전자레인지 돌아가는 소리가 편의점 안의 정적을 깨뜨리고, 작은 의자에 앉아 식사를 하는 동안 그는 문득 생각한다.

"이 시간에도 이렇게 밝은 곳이 있어서 다행이다."

바깥의 어둠과 대조되는 편의점의 빛은 마치 도시의 '쉼표'처럼 느껴진다. 누군가는 하루를 마무리하고, 누군가는 시작하기 위해 이곳을 찾는다. 편의점의 불빛 아래에는 오늘도 수많은 현대인들의 고단한 하루가 스쳐 지나간다.

인문학적으로 보면 편의점은 단순한 가게가 아니다. 그것은 현대 사회의 '24시간 문명'을 상징한다. 인간의 삶이 낮과 밤의 구분을 잃고 끊임없이 움직이게 된 것은 산업화 이후의 현상이다. 과거에는 해가 지면 하루가 끝났지만, 이제는 네온사인과 조명이 그 경계를 지운다. 편의점은 그 중에서도 가장 일상적인 '불빛의 섬'이다. 언제나 열려 있고, 언제나 같은 밝기를 유지한다. 그러나 그 밝음 속에는 현대인의 외로움이 스며 있다.

편의점의 불빛은 '편리함'의 상징이기도 하지만, 동시에 '고립'의 상징이기도 하다. 우리는 언제든 필요한 것을 살 수 있지만, 그만큼 타인에게 기대지 않아도 된다. 예전에는 늦은 밤 간장 하나가 떨어지면 이웃에게 문을 두드렸지만, 이제는 편의점에 간다. 관계를 대신한 편리함, 교류 대신 소비. 인간은 점점 더 효율적이지만 점점 더 고독한 존재가 되어간다. 사회학자 지그문트 바우만은 이를 '액체 근대'라 불렀다. 모든 것이 유동적이고 즉각적이지만, 그만큼 오래 머물지 않는다. 편의점의 진열대에 놓인 상품들처럼 인간의 관계도 빠르게 소비되고 사라진다.

그럼에도 불구하고 우리는 그 불빛에 끌린다. 피곤한 몸을 이끌고 집으로 가는 길, 편의점의 빛은 마치 작은 위로처럼 느껴진다. 인간은 본능적으로 어둠을 두려워한다. 그래서 불빛이 있는 곳으로 향한다. 편의점은 단지 물건을 파는 공간이 아니라, '빛의 피난처'다. 야간 근무를 마친 사람, 시험 공부를 하는 학생, 혼자 사는 직장인 모두가 그 안에서 잠시 '나만의 시간'을 보낸다. 그곳에서는 누군가의 시선을 의식할 필요가 없다. 아무도 나를 신경 쓰지 않는 공간에서 오히려 존재감을 느낀다. 역설적이게도 편의점은 '혼자이지만 덜 외로운 곳'이다.

이 현상은 인문학적으로 매우 흥미롭다. 인간은 사회적 동물이지만, 동시에 고독을 필요로 한다. 편의점의 존재는 바로 그 모순을 해결해주는 공간이다. 관계의 압박 없이 사람들의 기척을 느낄 수 있는 '반(半)사회적 공간'. 완전한 고립도 아니고, 완전한 연결도 아닌 그 중간지점이 현대인에게는 가장 편안한 곳이 되었다. 철학자 마르틴 부버는 '모든 인간의 진정한 만남은 '나-너'의 관계 속에서 이루어진다.'고 말했다. 하지만 오늘날 우리는 '나-그것'의 관계 속에 살고 있다. 물건과 시스템과의 관계가 인간관계를 대체한다. 편의점은 바로 그 '나-그것' 관계의 극단적인 공간이다.

그러나 그 안에는 따뜻한 장면도 있다. 점원이 '포인트 적립하시겠어요?'라고 묻고, 손님이 '괜찮아요.'라고 웃으며 답하는 짧은 대화 속에도 인간적인 온기가 있다. 편의점은 비인간적인 공간 같지만, 오히려 그 속에서 인간적인 순간이 더 또렷하게 드러난다. 예를 들어 한겨울 새벽, 손님이 계산대에 놓인 호빵을 사며 '오늘 진짜 춥네요.'라고 말할 때, 점원은 미소로 답한다. 그 몇 초의 대화가 누군가에게는 하루의 유일한 따뜻함이 된다. 현대인의 관계는 얇고 짧지만, 그 안에도 온도는 있다.

편의점의 불빛은 현대 사회의 리듬을 비춘다. 쉬지 않는 도시, 멈추지 않는 시간, 그리고 그 속에서 지친 인간들. 인간은 편리함을 위해 낮과 밤을 없앴지만, 그 대가로 '쉼'을 잃었다. 편의점은 그래서 이

중적인 상징이다. '언제나 열려 있음'은 곧 '언제나 닫지 못함'을 의미한다. 이곳에서 물건을 사고 돌아서는 사람들의 모습은, 마치 스스로를 충전하려는 기계 같기도 하다. 하지만 동시에 이 공간은 인간의 회복 본능을 보여준다. 어둠 속에서 한 줄기 불빛을 찾아 들어가는 행동은, 여전히 인간이 '빛과 온기'를 필요로 하는 존재라는 증거다.

편의점은 현대인의 축소판이다. 언제나 켜져 있고, 언제나 바쁘며, 언제나 연결되어 있다. 하지만 그 밝음 속에는 외로움이, 그 편리함 속에는 피로가 숨어 있다. 우리는 편의점을 통해 현대 사회의 본질을 본다. 효율적이지만 공허하고, 연결되어 있지만 단절된 삶의 모습. 그러나 그 안에서도 인간은 여전히 따뜻함을 찾는다. 컵라면의 김이 피어오를 때 느껴지는 안도감, 계산대 너머의 짧은 미소, 밤공기 속으로 나올 때의 작은 위로. 인문학은 바로 그런 '사소한 인간다움'을 포착하는 학문이다.

편의점의 불빛은 인간의 욕망을 드러낸다. 우리는 어둠 속에서도 '항상 켜져 있는 무언가'를 원한다. 하지만 인문학의 시선으로 보면, 진짜 쉼은 '꺼짐' 속에서 찾아온다. 불이 꺼져야 별빛이 보이고, 멈춰야 진짜 생각이 시작된다. 편의점의 불빛이 주는 위로는 잠시지만, 그 불빛 덕분에 우리는 다시 집으로 향할 용기를 얻는다.

결국 편의점의 불빛 아래에서 인간은 자신을 비춘다.

"나는 지금 어디로 가고 있을까?"

"나는 무엇을 채우고 싶은 걸까?"

이런 질문이 떠오를 때, 인문학은 말한다.

"그 불빛은 외로움이 아니라 희망의 표시다."

불빛이 존재한다는 건, 아직 꺼지지 않은 마음이 있다는 뜻이다. 편의점은 그 마음들이 잠시 머무는 쉼터다. 어쩌면 그 불빛 하나가, 바쁘고 지친 현대인에게 '인간으로 살아간다.'는 감각을 되찾아주는 마지막 등불일지도 모른다.

19
선물의 진짜 의미

생일을 맞은 친구에게 줄 선물을 고르기 위해 한참을 고민한다. 예쁜 포장지와 리본, 고급스러운 상자 속에 무엇을 담아야 할까. 결국 무난한 향초를 선택하지만, 집으로 돌아오는 길에 문득 이런 생각이 든다.

"내가 진짜로 주고 싶은 건 이게 아닐지도 몰라."

선물은 단순히 물건을 주는 일이 아니다. 그 안에는 마음이 있고, 관계가 있고, 때로는 말로 다 하지 못한 감정이 들어 있다. 어린 시절에는 선물을 받는 일이 설렜지만, 어른이 된 지금은 주는 일에도 묘한 부담이 따라온다. '얼마짜리를 사야 할까?', '상대는 좋아할까?', '괜히 가볍게 보이지는 않을까?' 우리는 기쁨과 함께 계산도 하고, 감동과 함께 망설임도 한다. 이렇게 복잡한 감정이 얽혀 있는 이유는, 선물이 단순한 거래가 아니라 인간 관계의 '언어'이기 때문이다.

인문학적으로 보면 선물은 물건이 아니라 '의미의 교환'이다. 인간은 언어로 소통하기 전부터 선물로 관계를 맺었다. 고대 부족 사회에서는 돌이나 조개껍질을 주고받으며 평화를 유지했고, 결혼이나 제사에서도 선물은 사회적 약속의 상징이었다. 그 속에는 단순한 물질적 교환이 아니라, '너와 나는 서로를 기억한다.'는 관계의 약속이 있었다. 사회학자 마르셀 모스는 『증여론』에서 '선물은 주고받는 행위를 통해 인간 사회를 결속시킨다.'고 말했다. 즉, 선물의 핵심은 주는 물건이 아니라 '관계의 흐름'이다.

하지만 현대 사회의 선물은 점점 의미가 달라지고 있다. 예전에는 마음을 담은 작은 정성이 중요했지만, 지금은 브랜드와 가격이 평가 기준이 되었다. 우리는 '무엇을 주느냐'보다 '얼마짜리를 주느냐'에 신경 쓴다. 그 결과 선물은 마음의 표현이 아니라 '사회적 지위'의 표현이 되기도 한다. 생일 선물 대신 상품권, 명절 선물 대신 현금이 오가는 현실 속에서, 선물은 점점 효율적이고 단순해진다. 편리함은 늘었지만, 진심은 희미해졌다. 인문학의 시선으로 보면 이것은 '관계의 자동화'다. 마음 대신 시스템이 관계를 대신하는 것이다.

그렇다고 해서 선물이 완전히 형식적인 것은 아니다. 오히려 그 속에는 인간의 감정이 더 깊이 숨어 있다. 선물을 고를 때 느끼는 망설임, 주고 난 뒤 상대의 반응을 기다리는 불안, 받았을 때의 미묘한 기쁨이나 부담감. 이런 복합적인 감정이야말로 인간의 사회적 본성을 보여준다. 선물은 주는 사람과 받는 사람 모두에게 심리적 작용을 일으킨다. 주는 사람은 '내가 이만큼 생각하고 있다.'는 메시지를 전달하고 싶어 하고, 받는 사람은 '내가 기억되고 있구나'라는 안도감을 느낀다. 그래서 선물은 단순히 기쁨의 행위가 아니라 '인정의 의식'이다. 우리는 선물을 통해 관계 속에서 자신의 위치를 확인한다.

철학적으로 보면, 선물은 '이타심과 자기 확인'이 동시에 작동하는 행위다. 겉으로는 남을 위한 행동처럼 보이지만, 사실 그 안에는 자신을 드러내고 싶은 욕구도 있다.

"나는 이런 센스가 있어요."

"나는 당신을 이렇게 신경 쓰고 있어요."

인간의 선물은 순수하지 않다. 그러나 그것이 바로 인간다움이다. 완벽하게 이타적인 선물도, 완전히 계산적인 선물도 존재하지 않는다. 두 감정이 공존할 때, 선물은 더 현실적인 의미를 가진다.

또한 선물은 '시간의 흔적'을 담고 있다. 어떤 선물은 순간의 감정으로 주어지지만, 어떤 선물은 세월이 지나도 의미가 남는다. 예를 들어 어릴 적 부모님이 생일에 사준 작은 인형 하나가, 어른이 된 뒤에도 따뜻한 기억으로 남아 있는 것처럼 말이다. 그 인형은 단지 물건이 아니라, '너를 사랑한다.'는 말이 담긴 시간의 조각이다. 그래서 선물은 기억을 보관하는 매개체이기도 하다. 인간은 물건을 통해 마음을 보존하고, 시간을 이어간다.

이와 반대로 '받지 못한 선물'도 마음에 남는다. 누군가에게 기대했던 마음이 돌아오지 않았을 때 느껴지는 서운함, 혹은 누군가에게 주고 싶었지만 타이밍을 놓친 아쉬움. 이것 역시 선물이 가진 인간적 의미를 보여준다. 우리는 선물을 통해 사랑을 확인하고, 때로는 그

부재를 통해 외로움을 느낀다. 인문학적으로 보면, 선물은 인간의 감정이 드러나는 '투명한 거울'이다.

하지만 진짜 선물은 형태가 없다. 말 한마디, 따뜻한 눈빛, 함께한 시간도 충분히 선물이 될 수 있다. 어쩌면 가장 큰 선물은 '관심'이다. 인간은 누구나 기억되고 싶어 하고, 인정받고 싶어 한다. '괜찮아?'라는 한마디, '오늘 수고했어.'라는 짧은 문장에도 마음은 움직인다. 물질로는 환산할 수 없는 이런 선물은 오래 남는다. 인문학은 이런 '보이지 않는 선물'을 중요하게 여긴다. 그것은 관계를 유지시키는 가장 근본적인 힘이다.

선물은 인간이 서로를 연결하는 방법이다. 그것은 마음의 언어이며, 기억의 통로다. 우리는 선물을 통해 타인과의 거리를 조절하고, 관계의 깊이를 확인한다. 때로는 부담스럽고, 때로는 감동적이지만, 그 모든 감정은 인간이 서로에게 의미 있는 존재라는 증거다. 인문학은 선물을 '감정의 순환'으로 본다. 주는 사람은 마음을 비우고, 받는 사람은 그 마음을 채운다. 이 순환이 끊기지 않을 때, 사회는 따뜻하게 유지된다.

선물의 진짜 의미는 '주는 것' 그 자체가 아니라, '기억하는 마음'에 있다. 무엇을 주었는지가 아니라, 왜 주었는지가 중요하다. 진정한 선물은 포장지나 가격표가 아니라, 상대의 마음속에 남는 온도다. 인간은 이기적이지만, 동시에 관계를 통해 성장하는 존재다. 선물은 그 관계의 상징이자, 마음이 형태를 얻은 순간이다.

선물의 가치는 '교환'이 아니라 '공유'에 있다. 주는 사람은 마음을 나누고, 받는 사람은 그것을 통해 세상을 조금 더 따뜻하게 본다. 우리는 그 따뜻함을 다시 누군가에게 돌려주며 살아간다. 인문학의 시선으로 보면, 선물은 인간이 인간으로 남을 수 있게 하는 가장 아름다운 행동이다.

선물은 그래서 단순한 물건이 아니라, '마음이 건너가는 다리'다. 그리고 그 다리를 건너는 순간, 우리는 서로의 존재를 조금 더 깊이 이해하게 된다.

20
별을 올려다보는 밤의 생각

퇴근 후 늦은 밤, 하루의 피로를 안고 집으로 돌아오는 길에 문득 하늘을 올려다본다. 도심의 불빛에 가려 잘 보이지 않던 별 하나가 간신히 눈에 들어온다. 어릴 때는 여름밤마다 별을 세며 소원을 빌곤 했는데, 언제부터인지 하늘을 올려다보는 일이 줄어들었다. 스마트폰 화면 속 뉴스와 일정표, SNS 피드에 시선이 빼앗기며 하늘 대신 디지털의 불빛을 바라보는 시간이 늘었다. 하지만 그날따라 유난히 조용한 밤공기 속에서, 나는 잠시 걸음을 멈추고 별을 바라본다. 그리고 그 작은 빛 앞에서 묘한 감정을 느낀다.

"저 별은 지금도 수천 년 전의 빛을 비추고 있을까?"

그 순간, 하루 동안 쫓기듯 살던 내 마음이 조금 느려지고, 머릿속에 떠오른 건 '나는 지금 어디쯤 서 있을까'라는 생각이었다.

별은 인문학적으로 인간의 '사유'를 자극하는 존재다. 고대인들은 하늘을 관찰하며 삶의 의미를 해석했다. 바벨탑을 쌓던 인간은 하늘을 향한 도전 속에서 신과의 거리를 좁히려 했고, 철학자들은 별을 보며 인간의 운명을 논했다. 별은 신비이자 경이의 상징이었다. 하지만 현대 사회에서 별은 낭만적인 배경 정도로만 남았다. 우리는 하늘의 질서를 잊고, 자신이 서 있는 자리만 본다. 별을 올려다본다는 건 단순히 천문학적 행위가 아니라 '인간의 위치를 돌아보는 행위'다.

별은 언제나 거기 있었지만, 우리는 바쁘다는 이유로 보지 못했다. 그렇다고 별이 사라진 건 아니다. 다만 우리의 시선이 낮아진 것이다. 현대인은 고개를 숙인 채 살아간다. 스마트폰을 보며 걸어가고, 책상 위의 모니터만 바라본다. 별은 늘 그 자리에 있지만, 우리의 마음이 고개를 들 여유를 잃은 것이다. 인문학은 이런 '시선의 높이'를 되묻는다. 하늘을 보는 일은 단순한 낭만이 아니라, '삶의 중심축'을 회복하는 일이다.

별은 또한 시간의 상징이다. 지금 우리가 보는 별빛은 수천, 수만 년 전의 빛이다. 이미 사라진 별의 빛이 아직도 지구에 닿고 있다. 이 사실은 인간의 존재를 겸손하게 만든다. 우리는 너무 짧은 순간을 살면서도 마치 모든 걸 통제할 수 있다고 착각한다. 그러나 별의 시간 앞에서 인간은 미미하다. 별은 우리가 일상 속에서 잊고 있는 '영원의 감각'을 상기시킨다. 하루하루가 버겁게 느껴질 때, 별을 올려다보는 일은 자신이 거대한 시간의 일부임을 깨닫게 해준다.

또한 별은 관계의 상징이기도 하다. 우리가 바라보는 하늘의 별자리들은 사실 물리적으로 전혀 다른 곳에 있는 별들의 조합이다. 인간은 그것들을 연결해 '이야기'를 만들었다. 오리온 자리, 북두칠성, 처녀자리 같은 이름들은 인간의 상상력에서 비롯된 것이다. 이처럼 인간은 고립된 점들 속에서 '의미'를 찾고, 그것들을 잇는다. 별을 바라보며 이야기를 만들던 그 태도는 지금의 인간학적 상상력의 기원이다. 결국 별을 본다는 건 '의미를 짓는 인간의 본능'을 되살리는 일이다.

그러나 지금 우리는 그런 상상력을 잃어가고 있다. 별 대신 광고판을 보고, 달 대신 모니터의 불빛을 본다. 하늘의 별은 수없이 많지만, 우리는 그중 하나만 바라보며 경쟁한다. '별이 되라'는 말이 어느새 '유명해지라'는 뜻으로 바뀌었다. SNS에서의 인기도, 검색어의 순위도 모두 '작은 별점'으로 환산된다. 그러나 인문학적으로 볼 때 진짜 별은 '빛나는 존재'가 아니라 '빛을 나누는 존재'다. 별은 스스로를 태워 빛을 낸다. 그리고 그 빛은 자신에게 돌아오지 않는다. 인간도 마찬가지다. 진정한 빛은 남을 비출 때 생긴다.

또한 별은 '고독의 상징'이다. 밤하늘의 별들은 서로 멀리 떨어져 있지만, 함께 별자리를 이룬다. 그것은 마치 현대인의 관계를 닮았다. 우리는 각자의 고독 속에서 살아가지만, 동시에 연결을 원한다. 혼자이면서도 함께 있고 싶은 마음, 그것이 인간의 본질이다. 별은 그런 인간의 모순을 닮았다. 혼자 빛나지만, 그 빛으로 하늘 전체를 완성한다. 그래서 별을 바라보는 순간, 우리는 외로움 속에서도 위안을 얻는다.

"나는 혼자가 아니구나."

별의 존재가 우리에게 전하는 건 바로 그 메시지다.

별을 본다는 것은 '거리를 인식하는 행위'이기도 하다. 인간은 늘 가까운 것만 본다. 손 안의 화면, 오늘의 할 일, 눈앞의 불편함. 그러나 별을 볼 때 우리는 멀리 본다. 그 거리는 단순한 물리적 거리만이 아니라 '생각의 거리'다. 별을 보는 사람은 잠시 자신의 문제에서 벗어나 더 큰 맥락 속에서 자신을 본다. 그래서 별을 바라보는 일은 곧 '철학의 시작'이다. 소크라테스가 '너 자신을 알라'고 말했을 때, 그는 인간이 하늘을 통해 자신을 인식하길 원했다.

별을 올려다보는 일은 단순한 낭만이 아니다. 그것은 인간이 잃어버린 사유의 습관을 회복하는 일이다. 별은 말없이 우리에게 묻는다.

"너는 지금 어디를 보고 있니?"

그 질문은 곧 '너는 지금 어떤 삶을 살고 있니?'라는 물음으로 이어진다. 인문학은 이런 물음을 통해 인간을 성장시킨다.

별은 변하지 않는 듯 보이지만, 사실 끊임없이 태어나고 사라진다. 그것은 우리 인생과 닮았다. 누군가는 오늘 새로운 별이 되고, 누군가는 조용히 사라진다. 그러나 중요한 건 빛의 크기가 아니라 '빛의 방향'이다. 별이 우리에게 주는 교훈은 이거다.

"너의 빛으로 누군가의 밤을 밝혀라."

그것이 인간이 서로를 연결하는 가장 근원적인 방식이다.

하늘을 올려다보는 단 몇 초의 시간이 인문학적인 이유는, 그 짧은 순간 동안 우리가 '자신을 벗어나는 경험'을 하기 때문이다. 그 시간 동안 우리는 더 이상 회사원도, 학생도, 누군가의 자식이나 부모도 아니다. 그저 한 명의 인간으로서 우주의 일부가 된다. 그 겸손한 인식이 삶을 다르게 만든다.

별을 본다는 건 '생각의 높이'를 되찾는 일이다. 하늘을 본다는 건 '마음의 시야'를 넓히는 일이다. 우리는 매일 수많은 일에 휩쓸리지만, 가끔은 별을 올려다보며 잠시 멈출 필요가 있다. 그때 비로소 우리는 자신이 얼마나 작은 존재인지, 그리고 그 작은 존재가 얼마나 소중한 빛을 내고 있는지 깨닫게 된다. 인문학은 그런 깨달음 속에서 피어난다. 별은 우리에게 말없이 이렇게 속삭인다.

"너의 하루도, 누군가의 하늘에 작은 별빛이 된다."

2장. 일상에서 피어나는 인문학

3장

사람을 이해하는 힘

왜 사람은 공감을 원할까?

누구나 마음속에 이런 생각을 품어본 적이 있을 것이다.

"내 말을 정말 들어주는 사람이 있었으면 좋겠다."

그것은 단순히 누군가에게 하소연하고 싶은 욕구가 아니라, 공감받고 싶다는 인간의 가장 깊은 본능적인 바람이다. 공감은 단어로는 짧지만, 그 안에는 이해받고 싶은 마음, 존재를 인정받고 싶은 욕구, 그리고 혼자가 아니라는 안도감이 모두 담겨 있다. 우리가 하루에도 몇 번씩 '괜찮아?', '나도 그랬어.'라는 말을 주고받는 이유도 결국 공감을 통해 마음의 온도를 맞추고 싶기 때문이다.

사람은 태어날 때부터 관계 속에서 살아가도록 만들어진 존재다. 갓난아기 때부터 울음은 세상과 소통하는 첫 번째 언어이고, 부모는 그 울음을 공감하며 안아준다. 이때 '공감'은 단순한 위로나 반응이 아니라 서로의 존재를 확인하는 첫 번째 경험이 된다. 그래서 인간은 성장하면서도 본능적으로 같은 감정을 찾아 헤맨다. 직장에서의 스트레스, 연애의 기쁨과 상처, 친구와의 오해, 이런 모든 순간에 사람은 마음속으로 같은 생각을 한다.

"누가 내 마음을 알아줬으면 좋겠다."

공감은 단순히 감정이 맞는다는 뜻이 아니다. 그것은 타인의 입장에서 세상을 한 번쯤 바라보려는 시도다. 예를 들어 친구가 실패했을 때 '그럴 수도 있지.'라고 말하는 것보다 '그때 얼마나 속상했을까?'라고 말하는 순간, 우리는 이미 그의 마음으로 한 걸음 들어가 있는 것이다. 말 한마디가 사람의 상처를 덜어주는 이유는 바로 여기에 있다. 인간은 논리보다는 감정의 언어로 연결될 때 진짜 위로를 느낀다. 공감은 머리로 하는 행위가 아니라, 마음으로 연결되는 경험이다.

현대 사회가 빠르게 변할수록 공감은 더 절실해진다. 우리는 매일같이 수많은 정보를 접하고, 사람과 대화하기보다 화면 속 문장을 읽는다. 문자 메시지와 이모티콘이 대화를 대신하고, 좋아요 버튼이 감정의 신호가 되어버린 시대다. 그러나 정작 그런 소통 속에서도 사람들은 점점 더 외로움을 느낀다. 왜일까? 겉으로는 연결되어 있지만, 마음은 닿지 않기 때문이다. 누군가의 게시글에 '좋아요'를 누르는 행위는 일시적인 반응일 뿐, 그 사람의 감정에 잠시 머무는 진짜 공감의 시간은 사라져버렸다. 그래서 우리는 점점 더 많은 사람 속에서도 외로워진다.

공감이란 단어는 '같이 느낀다.'는 뜻이다. 하지만 이 단순한 행위가 왜 이렇게 어려울까. 그 이유는 사람마다 다른 삶의 배경, 감정의 깊이, 생각의 습관이 다르기 때문이다. 예를 들어, 친구가 고민을 털어놓을 때 대부분의 사람은 '내 경험'을 기준으로 답하려 한다.
"나는 그럴 때 이렇게 했어."

하지만 공감은 해결책을 주는 게 아니라 상대의 마음에 잠시 머무는 것이다. 그저 '그랬구나'라고 말하는 짧은 순간에도 사람은 큰 위로를 느낀다. 왜냐하면 그 말 속에는 '너의 감정을 이해하려는 시도'가 담겨 있기 때문이다.

심리학적으로 보면, 사람의 마음에는 '정서적 거울'이라는 기능이 있다. 다른 사람의 표정을 보면 우리도 같은 근육이 살짝 움직이며 그 감정을 느낀다. 누군가 웃을 때 따라 웃게 되고, 슬퍼할 때 가슴이 먹먹해지는 이유가 바로 이것이다. 즉, 공감은 단순히 의식적인 행위가 아니라 인간이 타고난 생리적 반응이다. 우리가 드라마를 보며 눈물짓고, 낯선 사람의 사연에 마음이 움직이는 것도 이 때문이다. 결국 공감은 '함께 느끼는 존재'로 태어난 인간의 본성이다.

하지만 진짜 공감은 단순히 감정이 비슷하다는 의미를 넘어선다. 그것은 타인의 삶을 존중하고, 판단을 멈추는 태도다. 누군가의 슬픔을 들었을 때 '왜 그렇게 됐을까?'보다 '그 마음이 얼마나 힘들었을까?'라고 묻는 것이 더 깊은 공감이다. 공감은 정답을 찾는 일이 아니라, 같은 자리에 함께 있어주는 일이다. 그래서 어떤 사람들은 말보다 침묵 속에서 더 큰 위로를 느낀다. 진정한 공감은 '무엇을 말하느냐'보다 '어디에 함께 서 있느냐'에 달려 있다.

공감은 관계를 단단하게 만든다. 연인 사이에서도, 가족 사이에서도, 직장 동료 간에도 마찬가지다. 예를 들어, 친구가 지각을 반복했을 때 '왜 또 늦었어?'라고 다그치기보다 '요즘 많이 피곤하지?'라고 묻는다면 대화의 온도는 완전히 달라진다. 이 작은 문장 하나가 상대를 방어적으로 만들지 않고, 오히려 마음을 열게 만든다. 공감은 대화를 부드럽게 만들고, 관계를 회복시키는 윤활유 같은 역할을 한다.

한편 공감은 자기 자신을 이해하는 과정이기도 하다. 타인의 감정을 읽는다는 것은 결국 내 안의 감정을 인식하는 일이기 때문이다. 내가 왜 어떤 말에 상처받는지, 왜 어떤 행동에 기분이 좋아지는지를 알 때, 비로소 타인의 감정에도 더 섬세하게 다가갈 수 있다. 즉, 공감은 나를 이해하는 힘과 타인을 이해하는 힘이 동시에 성장하는 과정이다. 스스로의 감정을 외면한 사람은 남의 감정에도 무감각해진다. 반대로 자기 마음에 귀 기울이는 사람은 타인의 아픔에도 쉽게 공감한다.

공감이 중요한 또 하나의 이유는 고립된 마음을 이어주는 다리 역할을 하기 때문이다. 누구나 혼자 있을 때는 불안하다. 하지만 누군가 나의 감정을 이해해줄 때, 그 불안은 조금씩 사라진다. '나만 이런 게 아니구나'하는 깨달음은 강력한 치유의 힘을 가진다. 학교에서 왕따를 당한 아이가 친구의 한마디에 울음을 터뜨리는 이유, 회사에서 외로움을 느끼던 사람이 동료의 짧은 메시지에 위로를 받는 이유가 바로 그것이다. 공감은 사람을 다시 세상과 연결하는 가장 따뜻한 끈이다.

그러나 공감에는 한계도 있다. 모든 사람의 감정을 완벽히 이해할 수는 없다. 때로는 오히려 상대의 감정에 지나치게 몰입해 자신이 지칠 때도 있다. 그래서 진정한 공감은 '거리 두기'와 함께해야 한다. 공감은 타인의 고통 속으로 완전히 들어가는 것이 아니라, 그 옆에 함께 서는 것이다. 그것이 가능한 이유는 인간이 서로 다르기 때문이다. 우리는 서로 다르기 때문에 공감할 수 있고, 또 다르기 때문에 각자의 세계를 존중할 수 있다.

공감은 세상을 조금 더 따뜻하게 만든다. 만약 모두가 서로의 입장을 이해하려는 노력을 멈춘다면 세상은 훨씬 더 거칠고 냉소적으로 변할 것이다. 길을 가다 무심코 부딪힌 사람에게 미안하다고 말하는 짧은 순간, 지하철에서 자리를 양보받은 뒤의 고마움, 친구의 말에 고개를 끄덕여주는 따뜻한 눈빛, 이런 작은 공감의 행동들이 세상을 지탱하는 힘이다.

인간이 공감을 원하는 이유는 명확하다. 그것은 존재의 확인이다. '나는 너를 보고 있다, 너의 감정을 느낀다.'라는 신호를 받을 때, 우리는 비로소 자신이 살아 있음을 느낀다. 그래서 사람은 사랑보다 먼저 이해를 원하고, 인정보다 먼저 공감을 갈망한다. 공감이란 결국 인간이 인간답게 살아가기 위한 최소한의 온도다.

하루의 끝에서 누군가의 말 한마디가 마음에 오래 남는 이유도 그 속에 공감이 있기 때문이다.

"힘들었지?"

"그래도 잘 버텼어."

이 짧은 문장들 속에는 세상 모든 위로의 본질이 담겨 있다. 공감은 세상을 바꾸지 못할지 몰라도, 누군가의 하루를 따뜻하게 바꿀 수 있는 가장 인간적인 언어다. 그래서 사람은 오늘도 공감을 원한다. 그것이 살아 있는 마음이기 때문이다.

감정이 생각을 이끄는 순간

하루에도 수십 번 우리는 감정의 파도에 흔들리며 살아간다. 사소한 말 한마디에 기분이 좋아져 하루가 밝게 빛나기도 하고, 이유 없이 짜증이 밀려와 아무 일도 하기 싫을 때도 있다. 논리적으로 보면 감정은 일을 방해하는 변수처럼 보이지만, 사실 인간의 모든 판단과 행동은 감정에서 시작된다. 우리는 '생각이 감정을 이끈다.'고 믿지만, 실제로는 '감정이 생각을 이끈다.' 감정은 생각의 방향을 정하는 나침반이자 행동의 불씨다. 논리보다 먼저 반응하는 마음의 신호, 그것이 감정의 본질이다.

아침에 버스를 놓치면 세상이 나를 시험하는 것 같다가도, 친구의 메시지 한 줄에 금세 기분이 풀린다. 같은 하루라도 감정의 색이 달라지면 세상의 표정도 달라진다. 같은 사람, 같은 상황이라도 감정의 렌즈를 통해 보면 풍경은 전혀 다르게 보인다. 감정은 단순한 기분의 변화가 아니라, 세상을 해석하는 틀이다. 우리는 사실을 있는 그대로 보는 것이 아니라 감정이 물들인 세상을 보고 있다.

감정이 생각보다 강력한 이유는 생존과 직결되어 있기 때문이다. 인간의 뇌에서 감정이 일어나는 부위는 본능과 생명을 담당하는 영역과 맞닿아 있다. 무서움을 느끼면 도망치고, 분노를 느끼면 맞서며, 슬픔을 느끼면 도움을 구한다. 이 반응은 논리보다 빠르다. 인간은 감정을 통해 먼저 반응하고, 그다음에 생각으로 이유를 만든다. 누군가에게 호감을 느낄 때도 이유를 나중에 설명할 뿐, 감정이 먼저 온다. 감정은 언제나 생각보다 앞서 있다.

우리는 감정을 억누르고 이성적으로 판단하려 하지만, 감정이 없는 생각은 존재하지 않는다. 감정이 사라지면 판단력도 흔들린다. 어떤 일을 결정할 때, 이익과 손해를 따져도 '하고 싶다.'는 감정이 따라오지 않으면 행동으로 옮기지 못한다. 감정은 생각의 불씨이자 행동의 시동이다. '왜 그렇게 했어?'라는 질문에 대한 진짜 답은 대부분 '그때 그런 기분이었어.'다.

감정은 행동뿐 아니라 기억과 사고방식에도 깊이 작용한다. 즐거운 감정일 때는 세상의 밝은 면이 보이고, 피곤하거나 불안할 때는 같은 일도 부정적으로 느껴진다. 좋은 하루에는 모든 말이 부드럽게 들리지만, 피곤한 날에는 같은 말이 비꼬는 것처럼 들린다. 감정은 생각의 필터이자 확대경이다. 감정이 흔들리면 사고의 방향도 달라진다.

감정이 생각을 이끄는 또 다른 예는 창의성이다. 새로운 아이디어가 떠오를 때 우리는 흥분과 호기심을 느낀다. 긍정적인 감정이 작동하면 뇌는 활발해지고, 생각의 연결이 유연해진다. 반대로 두려움이 크면 사고는 좁아지고, 불안이 강하면 생각은 갇힌다. 그래서 예술가들은 감정을 깨우기 위해 여행을 떠나거나 음악을 듣는다. 감정이 바로 창의적인 사고의 원천이다.

하지만 감정은 늘 옳은 방향으로 이끄는 것은 아니다. 감정은 불완전하고 변덕스럽다. 같은 말을 들어도 그날의 감정에 따라 다르게 받아들인다. 어떤 날은 상사의 말이 고맙게 들리지만, 어떤 날은 비난처럼 느껴진다. 감정은 사실보다 강력한 해석의 힘을 지닌다. 그래서 감정을 억누르기보다 인식해야 한다. 감정이 나를 끌고 가는 것이 아니라, 내가 감정을 바라볼 때 비로소 생각이 깊어진다.

감정은 억제할 대상이 아니라 이해해야 할 신호다. 슬픔은 '무언가를 잃었다.'는 표시이고, 분노는 '부당함을 느낀다.'는 경고이며, 불안은 '준비가 필요하다.'는 메시지다. 이런 감정을 무시하면 마음은 무감각해지고 생각은 굳어진다. 반대로 감정을 있는 그대로 받아들이면, 그 안에서 나를 이해할 실마리를 찾을 수 있다. '요즘 왜 이렇게 짜증이 나지?'라는 질문 뒤에는 '지치고 쉬고 싶다.'는 마음이 숨어있다. 감정을 읽는 일은 곧 자신을 이해하는 일이다.

감정은 말보다 먼저 통하는 언어다. 누군가가 '괜찮아요.'라고 말해도, 목소리의 떨림과 눈빛을 통해 진심을 느낄 수 있다. 감정은 공기처럼 전염된다. 한 사람의 불안이 방 안을 무겁게 만들고, 한 사람의 미소가 분위기를 바꾼다. 감정을 이해하는 사람은 마음을 읽을 줄 아는 사람이다. 감정은 관계를 이어주는 가장 인간적인 언어다.

감정이 생각을 이끈다는 건, 인간이 이성적 존재이기 전에 감정적 존재라는 뜻이다. 감정을 억누르지 않고 다루는 법을 배워야 생각이 깊어진다. 감정은 파도처럼 밀려오지만, 피하면 더 거세진다. 대신 파도를 타듯 감정을 흘려보낼 때, 마음은 유연해지고 생각은 단단해진다. 감정에 이름을 붙일 수 있을 때, 우리는 감정을 다스릴 수 있다. '나는 화가 났어.', '나는 불안해.'라고 말하는 순간, 감정은 더 이상 나를 휘두르지 않는다.

결국 감정을 인정할 때 생각은 자유로워진다. 진짜 대화와 신뢰는 감정의 언어에서 시작된다. 인간의 감정은 불완전하지만, 그 불완전함 덕분에 우리는 서로를 이해한다. 완벽히 통제된 감정은 인간답지 않다. 기쁨과 슬픔, 분노와 두려움이 교차할 때 비로소 생각은 살아 숨 쉰다.

감정이 생각을 이끄는 순간은 늘 일상 속에 있다. 길가의 음악 한 소절에 마음이 흔들리고, 낯선 사람의 미소 하나에 기분이 달라진다. 그 사소한 감정의 떨림이 우리의 행동을 바꾸고, 그 행동이 삶을 바꾼다. 생각이 세상을 바꾸는 것이 아니라, 감정이 생각을 바꾼다. 인간은 느끼는 만큼 생각할 수 있고, 생각하는 만큼 성장할 수 있다. 감정을 이해하는 일은 자신을 이해하고 세상을 이해하는 첫걸음이다. 감정은 결코 약함이 아니라, 인간이 살아 있다는 증거다.

03
관계 속에서 나를 발견하다

우리는 종종 '나'를 찾기 위해 혼자 있는 시간을 중요하게 여긴다. 그러나 인간은 혼자서는 자신을 완전히 알 수 없는 존재다. 오히려 진짜 나의 모습은 관계 속에서 드러난다. 다른 사람을 만나고, 이야기하고, 부딪히는 과정 속에서 우리는 자신이 어떤 사람인지 점점 깨닫게 된다. 누군가의 말에 상처를 받거나, 어떤 말에는 따뜻함을 느낄 때 그 감정을 통해 '나는 이런 마음을 중요하게 여기는 사람이구나.' 하고 알게 된다. 타인은 나를 비추는 거울이고, 관계는 나를 발견하게 만드는 무대다.

인간은 관계 속에서 성장한다. 가족, 친구, 스승, 동료와의 관계는 모두 나의 성격과 세계관을 만든다. 어린아이는 부모의 표정을 통해 감정을 배우고, 친구의 칭찬이나 놀림 속에서 자존감을 형성한다. 관계는 단순한 사회적 연결이 아니라 내면을 빚어내는 힘이다. 우리는 관계를 통해 자신을 이해하고, 그 과정 속에서 끊임없이 변해간다.

관계는 거울처럼 우리에게 자신을 비춘다. 친구가 늦게 답장을 보냈을 때 어떤 사람은 '바쁘겠지.'라 생각하고, 다른 사람은 '나를 무시하나?'라고 느낀다. 이 차이는 상대가 아니라 나의 내면에서 비롯된다. 불안, 인정 욕구, 과거의 상처 같은 감정이 반응을 결정한다. 결국 관계는 타인의 이야기이면서 동시에 나의 이야기이기도 하다. 상대의 말과 행동보다 그것을 받아들이는 나의 마음이 관계를 만든다.

그러나 모든 관계가 평화로운 것은 아니다. 사랑하는 사람에게도 실망하고, 이해하려 해도 오해가 생긴다. 그럴 때 우리는 흔히 상대를 탓하지만, 더 중요한 질문은 '나는 왜 이렇게 반응할까?'이다. 관계의 갈등은 대부분 상대보다 나의 감정에서 시작된다. 예를 들어, 누군가 약속에 늦었을 때 어떤 사람은 화를 내고, 어떤 사람은 별일 아닌 듯 웃는다. 같은 상황이지만 반응은 다르다. 그 차이는 나의 가치관과 기준에서 비롯된다. 관계를 통해 우리는 자신의 마음의 경계를 배운다.

가족과의 관계는 그중에서도 가장 깊고 복잡한 거울이다. 부모의 한마디에 쉽게 상처받고, 형제의 행동에 예민해지는 이유는 그만큼 감정의 뿌리가 깊기 때문이다. 하지만 그 감정을 따라가다 보면 '나는 여전히 인정받고 싶어하네.', '나는 틀렸다는 말을 두려워하네.'와 같은 깨달음을 얻게 된다. 가까운 사람일수록 우리의 내면을 더 선명하게 비춘다. 가족은 때로 불편한 진실을 드러내지만, 그 안에서 우리는 진짜 자신을 본다.

관계는 또한 나를 성장시키는 학교다. 회사에서 동료와 협력하며 협업을 배우고, 연애를 통해 배려와 인내를 익히며, 친구의 고민을 듣고 공감의 가치를 배운다. 갈등은 감정의 경계를 가르쳐주고, 화해는 이해의 폭을 넓혀준다. 세상과 단절된 채로는 성숙할 수 없다. 인간은 관계 속에서만 배우고 자란다.

그러나 관계는 언제나 따뜻한 것만은 아니다. 상처받는 일도 있고, 오해가 쌓이는 순간도 있다. 하지만 그 불편함이야말로 나를 성장시키는 통로다. 누군가의 말에 화가 났다면 그 안에는 '나는 존중받고 싶었구나.'라는 진심이 숨어 있다. 상처는 아프지만, 그 속에서 우리는 자신이 진정으로 원하는 감정을 알게 된다. 관계의 갈등은 결국 나를 비추는 거울이며, 스스로를 이해하게 하는 과정이다.

관계 속에서 자신을 발견한다는 것은 '상대가 나를 이해하길 바라는 것'이 아니라 '내가 왜 그 관계에서 그런 감정을 느끼는지를 바라보는 것'이다. 어떤 사람 옆에서는 편안하고, 또 어떤 사람 옆에서는 불편하다면 그것은 그 사람의 문제가 아니라 내 내면의 반응이다. 관계는 타인을 통해 나의 욕구와 상처를 비추는 렌즈다. 그 렌즈를 통해 우리는 자신이 진정으로 어떤 사람인지를 배운다.

또한 관계는 나를 치유한다. 따뜻한 말 한마디, 진심 어린 위로는 스스로를 다시 사랑하게 만든다. '괜찮아, 너는 잘하고 있어.'라는 말은 단순한 위로가 아니라 '너는 혼자가 아니야.'라는 신호다. 사람은 타인의 인정과 공감 속에서 존재감을 확인한다. 관계는 단순히 사회적 연결이 아니라, 내가 존재함을 느끼게 하는 거울이다.

반대로 관계에서 받은 상처도 우리를 단단하게 만든다. 아픔을 겪으면서 우리는 감정의 경계를 배우고 자신을 지키는 법을 익힌다. 상처 없는 관계는 없다. 중요한 건 그 아픔을 통해 나를 이해하고 성장하는 일이다. '그 사람 때문에 힘들었지만, 덕분에 나를 알게 됐다.'라는 깨달음이 바로 관계가 주는 선물이다.

관계 속에서 나를 발견한다는 건 결국 타인을 통해 나를 배우는 일이다. 누군가의 말과 행동에 내가 어떤 반응을 하는지를 살피는 순간, 우리는 자신을 이해하기 시작한다. 자신을 이해하는 사람만이 타인을 이해할 수 있다. 관계는 나를 시험하는 공간이 아니라, 나를 성장시키는 공간이다.

사람은 혼자 존재할 수 없다. 타인과의 만남, 대화, 오해, 화해, 이 모든 순간이 나를 완성시킨다. 관계는 나를 닮게 하고, 때로는 나를 바꾸며, 무엇보다 나를 이해하게 한다. 그래서 관계란 누군가를 알아가는 여정이자, 동시에 나 자신을 찾아가는 여정이다. 그리고 그 길의 끝에서 우리는 깨닫는다. 내가 진정으로 알고 싶었던 사람은, 언제나 나 자신이었다는 사실을.

04
잊는다는 건 정말 나쁜 걸까?

 살다 보면 '잊지 말자.'라는 말을 자주 듣는다. 중요한 약속을 잊지 말자, 사랑했던 사람을 잊지 말자, 상처를 잊지 말자고 말한다. 우리는 마치 기억을 오래 붙잡는 것이 진심의 증거라고 믿는다. 그래서 무언가를 잊었다고 하면 스스로를 탓하고 죄책감을 느낀다. 그러나 잊는다는 건 정말 나쁜 일일까. 어쩌면 잊음은 인간이 살아가기 위해 꼭 필요한 선물일지도 모른다. 기억이 우리를 성장시킨다면, 잊음은 우리를 살게 한다.
 기억은 마음속의 앨범과 같다. 행복했던 순간이든 아픈 경험이든 모두 그 안에 남아 있지만, 문제는 그 앨범이 시간이 지나도 스스로 닫히지 않는다는 것이다. 우리는 의식하지 않아도 끊임없이 과거를 떠올린다. 잘못된 선택, 서운했던 말, 떠나보낸 인연은 마음속에서 계속 재생된다. '잊는다.'는 건 이런 기억을 지워버리는 게 아니라, 그 기억이 더 이상 나를 붙잡지 않게 되는 상태다. 잊음은 무심함이 아니라, 마음이 제자리로 돌아가는 과정이다.

오래전 친구와 다툰 일을 떠올려보자. 그때의 말이 여전히 마음을 아프게 할 수 있다. 그러나 시간이 지나 그 친구의 이름을 들어도 아무 감정이 들지 않는다면, 그것은 단순히 잊은 것이 아니라 이미 용서한 것이다. 잊는다는 건 기억을 없애는 게 아니라, 그 기억이 나를 아프게 하지 않는 단계로 옮겨가는 일이다. 인간의 마음은 상처를 남기지만 동시에 스스로를 치유하는 힘도 가지고 있다. 잊음은 그 치유의 또 다른 이름이다.

사랑했던 사람을 잊는다고 해서 그 사랑이 거짓이 되는 것은 아니다. 오히려 시간이 흘러 그 이름을 미소로 떠올릴 수 있다면, 그것이 진정한 기억이다. 아픔을 모두 끌어안고는 앞으로 걸을 수 없다. 잊음은 도망이 아니라, 살아가기 위한 자연스러운 선택이다. 나쁜 기억을 잊는다는 건 그때의 자신을 지우는 게 아니라, 그 상처에서 벗어나 새로운 나로 살아가는 일이다.

사람의 뇌는 본래 잊도록 설계되어 있다. 모든 일을 다 기억한다면 인간은 버텨낼 수 없다. 뇌는 필요 없는 정보와 고통스러운 기억을 희미하게 만든다. 이것은 생존의 지혜다. 만약 매번의 실수와 부끄러움이 생생히 남아 있다면, 우리는 다시 도전하지 못할 것이다. 실패를 잊기 때문에 다시 시도할 수 있고, 상처를 잊기 때문에 다시 사랑할 수 있다. 잊음은 약함이 아니라 회복의 본능이다.

그럼에도 우리는 '잊지 말자.'는 말을 너무 진지하게 받아들인다. 하지만 그 다짐이 오히려 마음을 묶어두는 족쇄가 되기도 한다. 예를 들어, 이별 후 '그 사람을 절대 잊지 않겠다.'고 결심하면 마음의 시계는 그날에 멈춘다. 매일 그 기억을 되살리며 스스로 고통을 반복한다. 그러나 사랑은 기억 속에 갇히는 게 아니라, 그 시간을 통해 내가 얼마나 변했는지로 이어진다. 잊는다는 건 그 사람을 지우는 게 아니라, 그와 함께했던 시간을 마음의 다른 자리에 놓는 일이다.

잊음은 버림이 아니라 정리다. 실패를 완전히 지워버리는 사람은 같은 실수를 반복하지만, 실패를 인정하고 그 감정을 내려놓는 사람은 성장한다. 잊음은 감정을 덮는 것이 아니라, 감정을 다루는 능력이다. 감정이 정리되면 기억은 남지만 더 이상 나를 괴롭히지 않는다.

잊는다는 말 속에는 '놓아준다.'는 의미가 숨어 있다. 미움과 억울함을 계속 붙잡고 있으면 마음은 그 감정 속에 갇힌다. 그러나 어느 순간 '이제 괜찮아.'라고 말할 수 있을 때, 그 감정은 힘을 잃는다. 이것이 바로 잊음의 순간이다. 잊는 것은 외면이 아니라, 자신을 자유롭게 하는 용기다.

물론 잊음은 쉽지 않다. 잊고 싶을수록 더 선명해지는 기억이 있고, 시간이 흘러도 흐려지지 않는 얼굴이 있다. 그러나 인간의 기억은 억지로 지운다고 사라지지 않는다. 오히려 잊으려 할수록 더 집착하게 된다. 그래서 진짜 잊음은 노력의 결과가 아니라 시간이 주는 선물이다. 시간이 흐르면 감정의 색이 옅어지고, 기억은 다른 의미로 변한다. 처음엔 상처였던 기억이 나중에는 교훈으로, 때로는 미소로 바뀐다. 잊음은 시간과 마음이 함께 빚어내는 치유의 과정이다.

기억과 잊음은 서로 적이 아니라 동반자다. 기억이 있어야 잊을 수 있고, 잊어야 기억이 의미를 가진다. 모든 것을 기억하는 사람은 과거에 머물고, 모든 것을 잊는 사람은 현재를 잃는다. 인간에게 필요한 건 두 가지 능력의 균형이다. 기억은 나를 만들어주고, 잊음은 나를 다시 시작하게 한다.

잊는다는 건 감정의 흐름을 받아들이는 일이다. 사랑이 끝나면 슬픔이 남고, 그 슬픔이 시간이 지나 작아지면 우리는 조금 더 단단해진다. 잊음은 감정이 흘러가도록 허락하는 일이며, 사랑의 또 다른 표현이다. 아픈 기억이 희미해질수록 마음은 가벼워지고, 새로운 사랑을 맞이할 여유가 생긴다.

기억은 우리를 붙잡지만, 잊음은 우리를 풀어준다. 그래서 때로는 잊는 용기가 기억하는 용기보다 더 크다. 잊는다는 건 지우는 일이 아니라 살아내는 일이다. 감정이 다듬어지고 기억이 제자리를 찾을 때, 마음은 평온해진다. '나는 그 일을 잊었어.'라는 말 속에는 슬픔이 아니라 평화가 있다. 잊음은 상처 위에 내려앉는 안개가 아니라, 그 위에 피어나는 아침의 빛이다.

그렇기에 잊는다는 건 결코 나쁜 일이 아니다. 그것은 인간이 계속 살아가기 위해 선택하는 가장 다정한 방법이다.

05
혼자 있는 시간의 힘

　사람은 관계 속에서 살아가지만, 진짜 나를 만나는 순간은 혼자 있을 때 찾아온다. 우리는 늘 누군가와 연결되어 있고, 세상의 소음 속에서 살아가지만 그 안에서 점점 자신을 잃어버리기도 한다. 휴대폰 알림은 멈추지 않고, 해야 할 일은 끝없이 이어지며, 대화 속에서도 마음은 분주하다. 그래서 혼자 있는 시간은 단순한 고요가 아니라 마음이 숨 쉴 수 있는 공간이다. 세상과 거리를 두고 자신을 다시 만나는 이 시간은 인간이 본래의 자신으로 돌아가는 가장 진실한 순간이다.

　많은 사람들은 혼자 있는 것을 외로움과 같은 의미로 생각하지만, 두 감정은 전혀 다르다. 외로움은 누군가와 연결되지 못해 생기는 공허함이고, 혼자 있음은 스스로와 연결되는 충만함이다. 자신과 친해진 사람은 혼자 있어도 외롭지 않다. 오히려 그 시간은 마음을 정리하고 스스로를 위로하는 가장 따뜻한 휴식이다. 타인의 시선에서 벗어나 오롯이 나로 존재하는 그 순간, 우리는 비로소 마음의 평화를 느낀다. 혼자 있음은 결핍이 아니라 회복의 시간이며, 자신을 이해하는 출발점이다.

현대 사회는 끊임없이 '함께 있음'을 강조한다. 하지만 인간은 본질적으로 혼자 생각하고 감정을 다듬는 존재다. 하루를 마치며 '오늘 나는 왜 그 말에 상처받았을까?'라고 묻는 순간이 있다면, 그것이 바로 혼자 있는 시간의 시작이다. 이런 고요한 시간은 감정의 실타래를 풀고 자신을 객관적으로 바라보게 한다. 함께 있을 때 흘려보냈던 감정이 혼자 있을 때 비로소 다가온다. 그때 우리는 자신을 돌보는 법을 배운다.

혼자 있는 시간은 마음의 정리 창고이자 휴식의 공간이다. 하루 동안 쌓인 생각과 피로가 이 시간 동안 가라앉고, 누군가에게 들은 말이나 하지 못한 말이 차분히 정리된다. 내면이 정리되어야 타인에게도 따뜻하게 다가갈 수 있다. 혼자 있는 시간을 두려워하지 않고 받아들일 때, 우리는 자신을 이해하고 관계 또한 성숙하게 만든다.

고요 속에서는 창의력이 자란다. 조용한 순간, 뇌는 타인의 시선이나 사회의 기준에서 벗어나 자유롭게 움직인다. 걷다가 떠오르는 아이디어나 샤워 중의 번뜩임처럼, 생각은 고요 속에서 새롭게 연결된다. 많은 작가와 예술가들이 혼자 있는 시간을 사랑하는 이유도 여기에 있다. 세상의 소음을 잠시 멈추면 내 안의 목소리가 또렷해진다. 혼자 있는 시간은 아무것도 하지 않는 시간이 아니라, 보이지 않는 생각이 자라나는 시간이다.

하지만 우리는 종종 그 시간을 피한다. 혼자 있으면 괜히 불안해지고, 조용하면 마음이 시끄럽게 느껴진다. 그 이유는 자신을 마주하는 일이 두렵기 때문이다. 혼자 있는 시간에는 다른 사람에게 의지할 수도, 핑계를 댈 수도 없다. 오롯이 나의 감정과 불안, 상처와 마주해야 한다. 그래서 사람들은 그 고요함을 견디지 못해 휴대폰을 켜거나, 누군가에게 연락한다. 그러나 진짜 성장은 그 불편함을 지나야 시작된다. 혼자 있는 시간은 자신을 피하지 않고 마주하는 용기의 훈련이다.

혼자 있는 시간을 잘 보내는 사람은 자신을 다룰 줄 안다. 어떤 말에 상처받고 무엇에 행복을 느끼는지 아는 사람은 쉽게 흔들리지 않는다. 반대로 늘 타인에게 의지하는 사람은 주변의 감정에 따라 기분이 요동친다. 누군가의 말 한마디에 하루가 무너지고, 타인의 반응에 따라 자신을 평가한다. 혼자 있는 시간을 통해 자신을 단단히 세우지 않으면 마음은 바람 앞의 촛불처럼 흔들린다.

혼자 있는 시간은 단순한 휴식이 아니라 정체성을 회복하는 과정이다. 사람은 관계 속에서 성장하지만, 그 관계는 에너지를 소모시킨다. 자신을 돌보지 않으면 마음은 쉽게 지친다. 혼자 있는 시간은 그 에너지를 다시 채우는 충전의 순간이다. 고요 속에서 우리는 다시 세상으로 나아갈 힘을 얻는다.

흥미롭게도 혼자 있는 시간을 잘 보내는 사람은 오히려 관계가 깊다. 자신을 이해하는 사람은 타인을 더 따뜻하게 대할 수 있기 때문이다. 불안할 때 타인에게 의지하기보다 스스로를 다독일 줄 아는 사람은 진심으로 누군가를 위로할 수 있다. 혼자 있는 시간은 고립이 아니라 더 나은 관계를 위한 준비다. 자신을 사랑할 줄 알아야 타인을 사랑할 수 있다.

혼자 있는 시간은 멈춤의 의미를 지닌다. 우리는 늘 더 빨리, 더 많이를 외치지만, 모든 성장은 멈춤 속에서 이루어진다. 나무가 겨울에 잎을 떨구는 것은 성장의 끝이 아니라 봄을 위한 준비다. 사람에게도 그런 시간이 필요하다. 멈춰 서야 방향을 볼 수 있고, 멈춰야 자신이 어디로 가는지 알 수 있다. 혼자 있는 시간은 인생의 쉼표이자 방향을 바로잡는 나침반이다.

혼자 있는 시간은 세상으로부터의 도피가 아니라 나에게로의 귀환이다. 세상이 아무리 빠르게 돌아가도 자신을 잃지 않으려면 잠시 멈춰야 한다. 세상의 소음을 내려놓고 마음의 소리를 들을 때, 우리는 비로소 진짜 자신과 연결된다. 그리고 그 고요한 순간에 깨닫는다. 세상과 멀어질수록, 오히려 나 자신에게 더 가까워진다는 사실을.

언어, 사고, 그리고 세상의 연결

01
말이 사고를 만든다

언어는 단순히 생각을 담는 그릇이 아니라, 생각의 방향을 만드는 틀이다. 우리는 단어를 통해 세상을 보고, 말로 감정을 정리하며, 언어로 관계를 맺는다. 같은 상황이라도 어떤 단어를 쓰느냐에 따라 해석이 달라지고, 그에 따라 사람의 마음도 달라진다. 그래서 언어는 단순한 표현이 아니라 사고의 구조이고, 인간이 세상을 이해하는 방식 자체다.

단어 하나가 생각의 색을 바꾼다

말은 행동보다 빠르게 사람의 마음을 움직인다. 예를 들어 누군가의 도전을 두고 '용감하다.'고 말하면 칭찬이 되지만, '무모하다.'고 말하면 같은 행동이 부정적으로 들린다. 단어 하나가 사람의 의도를 바꾸고, 그 상황을 해석하는 방식까지 바꿔버린다. 회사에서 상사가 '괜찮아, 이번엔 경험이야.'라고 말하면 위로가 되지만, '또 이런 실수를?'이라고 말하면 좌절이 된다. 말의 선택은 단순한 언어적 차이가 아니라, 타인의 감정과 사고를 이끄는 힘이다. 결국 우리는 단어 하나로 누군가의 마음을 세우거나 무너뜨린다.

언어는 사고의 프레임을 만든다

사람은 언어를 통해 생각한다. 단어가 없으면 생각도 모양을 갖추지 못한다. 예를 들어 '시간을 아낀다.'는 표현은 시간을 '소유할 수 있는 자원'으로 보는 관점에서 나온다. 반면 '시간을 보낸다.'는 표현은 시간을 '함께 흘려보내는 존재'로 바라본다. 영어에서는 'take time', 'save time'처럼 시간을 물건처럼 다루지만, 한국어에서는 '시간이 간다.', '시간이 흐른다.'고 말한다. 언어가 다르면 세계를 인식하는 방식도 다르다. 단어 하나가 사고의 틀을 정하고, 그 틀 속에서 우리는 세상을 바라본다.

말의 뉘앙스가 관계를 만든다

같은 말을 해도 사람마다 다르게 들리는 이유는 뉘앙스 때문이다. '괜찮아.'라는 말은 때로는 위로가 되지만, 때로는 무심하게 느껴진다. 또 '잘했어.'라는 말도 진심이 담기면 격려가 되지만, 형식적으로 던지면 오히려 불편하다. 언어는 소리 이상의 감정을 담는다. 말은 내용보다 분위기로 전달될 때가 많다. 그래서 누군가의 말이 오래 기억되는 이유는 단어 때문이 아니라 그 말이 가진 온기 때문이다. 우리가 말을 선택하는 순간, 이미 관계의 방향이 정해진다.

침묵도 언어의 일부다

언어는 말로만 존재하지 않는다. 대화 중의 침묵에도 메시지가 있다. 때로는 동의의 침묵, 때로는 거절의 침묵, 혹은 미안함의 침묵이 있다. 친구가 긴 이야기를 마쳤을 때 '그랬구나.'라고 말하는 대신 조용히 고개를 끄덕이는 순간, 말보다 깊은 위로가 전해진다. 침묵은 언어의 반대가 아니라, 언어의 완성이다. 말이 생각의 표현이라면, 침묵은 감정의 표현이다. 진심이 담긴 침묵은 어떤 화려한 말보다 사람의 마음을 움직인다.

언어는 시대의 얼굴이다

언어는 세월에 따라 바뀌며, 그 시대의 생각을 담아낸다. 한때 '근면'과 '노력'이 강조되던 시대가 있었지만, 이제는 '여유'와 '균형'이 더 자주 쓰인다. '성공'이라는 단어가 '행복'보다 중요하게 여겨지던 시절이 있었지만, 오늘날은 '자기다움'이 새로운 가치가 되었다. 언어는 시대의 거울이다. 사회가 바뀌면 단어도 바뀌고, 단어가 바뀌면 사고도 변한다. 우리가 어떤 언어를 쓰느냐가 바로 어떤 세상을 살아가고 있는지를 보여준다.

말은 세상을 다시 쓰는 힘이다

사람은 말로 세상을 바꾼다. '할 수 있다.'는 말은 불가능을 가능으로 바꾸고, '괜찮다.'는 말은 상처를 감싸준다. 반대로 '안 돼.', '그건 틀렸어.'라는 말은 마음의 문을 닫게 만든다. 말의 힘은 방향을 가진다. 누군가에게 '넌 괜찮은 사람이야.'라고 말하는 건, 그 사람의 세계를 조금 더 밝게 만드는 일이다. 언어는 생각을 이끌고, 생각은 행동을 만든다. 그 행동이 모여 세상을 움직인다.

언어는 단순한 소통의 도구가 아니라, 인간이 세상을 해석하고 살아가는 방법이다. 말이 사고를 만들고, 사고가 행동을 낳으며, 행동이 결국 현실을 바꾼다. 그래서 말은 단순히 입에서 나오는 소리가 아니라, 우리가 세상을 바라보는 창이다. 어떤 말을 선택하느냐에 따라 우리가 사는 세상의 풍경이 달라진다. 언어를 배우는 일은 단어를 외우는 일이 아니라, 세상을 새롭게 읽는 일이다.
즉, 말은 세상을 움직이는 가장 작은 시작이다.

단어 하나에 담긴 세계관

단어는 단순히 사물을 가리키는 기호가 아니라, 인간이 세상을 바라보는 창이다. 우리가 쓰는 말 속에는 문화, 감정, 가치관이 녹아 있으며, 그 단어 하나가 세계를 이해하는 방식을 결정한다. 그래서 단어를 안다는 건 그 언어를 쓰는 사람들의 생각과 삶의 방식을 함께 아는 일이다. 단어 하나에도 수백 년의 역사와 수많은 사람들의 경험이 깃들어 있다.

단어는 문화의 거울이다

언어마다 세상을 표현하는 방식이 다르다. 한국어에는 '정(情)'이라는 단어가 있지만, 영어에는 완전히 같은 뜻을 가진 단어가 없다. 정은 따뜻함이자 책임감이고, 오랜 관계 속에서 쌓이는 마음의 온도다. 반면 영어의 'privacy'는 한국어로 옮기기 어렵다. 개인의 공간, 타인으로부터의 독립, 자기만의 영역이라는 개념이 그 사회의 세계관을 보여준다. 이렇게 단어는 단순한 표현을 넘어 문화의 감수성과 사고방식을 드러낸다. 같은 세상을 보더라도 어떤 언어로 설명하느냐에 따라 그 의미는 달라진다.

같은 사물도 단어에 따라 달라진다

언어가 사고를 결정한다는 말은 과장이 아니다. 에스키모인들은 눈을 표현하는 단어가 수십 개나 된다. 눈이 내리는 방식, 모양, 촉감까지 세분화되어 있다. 그만큼 그들은 눈을 더 세밀하게 인식한다. 반면 우리는 '눈이 온다.'라는 말로 모든 것을 표현한다. 이런 차이는 단어가 세상을 얼마나 깊게 보게 만드는지 보여준다. 또한 한국어의 '시간을 보내다.'와 영어의 'save time'은 시간에 대한 태도를 다르게 반영한다. 우리는 시간을 함께 흐르는 존재로 여기지만, 영어권에서는 시간을 소유하고 관리하는 자원으로 여긴다. 단어 하나가 사고의 구조를 바꾸는 것이다.

번역의 어려움은 세계관의 차이다

책을 번역할 때 가장 힘든 점은 단어가 가진 문화적 의미를 그대로 옮기기 어렵다는 것이다. 예를 들어 영어의 'serendipity'는 우연히 찾아오는 행복한 발견을 뜻하지만, 한국어로 완벽히 대응되는 말이 없다. 반대로 한국어의 '한(恨)'은 슬픔, 억울함, 그리고 그 감정을 견디는 인내까지 포괄하지만, 서양 언어에는 그런 감정을 담은 단어가 없다. 번역이 완벽할 수 없는 이유는 언어가 각자의 세계관을 품고 있기 때문이다. 단어의 차이는 단순한 문법의 문제가 아니라, 세상을 바라보는 인식의 차이를 드러낸다.

단어의 변화는 사고의 변화다

단어는 시대에 따라 새로 생기고 사라진다. 과거에는 '근면'과 '희생'이 중요한 가치였지만, 지금은 '자존감'과 '균형'이 더 자주 쓰인다. 단어의 변화는 곧 사회의 가치관이 바뀌었다는 뜻이다. '성공'이라는 단어가 강조되던 시대가 지나고, '행복'이나 '자기다움'이라는 말이 늘어난 것은 인간이 자신을 바라보는 기준이 달라졌다는 신호다. 언어의 변화는 문화의 변화이며, 한 사회의 세계관이 어디로 향하고 있는지를 보여준다.

단어는 인간의 생각을 비춘다

단어는 단순한 표현이 아니라, 인간이 세상을 해석하는 방식의 결정체. 어떤 사람은 실패를 '끝'이라고 부르고, 또 어떤 사람은 그것을 '시작'이라 한다. 같은 상황이지만 단어 하나가 마음의 방향을 바꾼다. '희생'이라는 단어가 '헌신'으로 바뀌면 감정의 색도 달라진다. 우리는 단어를 통해 사고하고, 단어를 통해 감정을 정리하며, 단어를 통해 타인과 연결된다. 그래서 어떤 단어를 선택하느냐는 곧 어떤 세계를 살아가겠다는 선언이다.

단어 하나는 작지만 그 속에는 한 사회의 가치와 인간의 감정, 그리고 세계를 바라보는 눈이 담겨 있다. 단어를 이해한다는 것은 그 단어가 만들어낸 문화를 이해하는 일이고, 다른 언어를 배운다는 것은 새로운 세상을 경험하는 일이다. 단어는 문법의 일부가 아니라 세계관의 조각이다.

우리는 단어를 바꾸며 사고를 바꾸고, 사고를 바꾸며 세상을 새롭게 써 내려간다.

03

침묵의 의미와 대화의 미학

우리는 대화를 통해 세상을 이해하고 관계를 이어간다. 하지만 모든 이해가 말로 이루어지는 것은 아니다. 때로는 아무 말도 하지 않는 순간, 침묵 속에서 더 많은 감정이 오간다. 말은 마음을 드러내는 도구이지만, 침묵은 마음을 다루는 방식이다. 대화의 기술보다 더 중요한 것은 언제 말을 멈추고, 어떤 침묵을 선택할지 아는 일이다. 말과 침묵은 서로의 반대가 아니라, 함께 있을 때 비로소 완전해진다. 인간의 관계는 이 두 가지가 만들어내는 리듬 속에서 자라난다.

말보다 강한 침묵의 순간

누군가가 울고 있을 때 우리는 종종 무슨 말을 해야 할지 몰라 머뭇거린다. '괜찮아.', '힘내.'라는 말은 위로의 뜻을 담지만, 때로는 그 말조차 무겁게 들린다. 그럴 땐 조용히 곁에 앉아 있는 것, 아무 말 없이 손을 잡아주는 것이 더 큰 위로가 된다. 침묵은 감정을 덧씌우는 말보다, 감정을 함께 견디는 표현이다. 말은 위로를 주지만, 침묵은 함께 아파하는 용기다. 부모와 자식, 친구, 연인 사이에서도 말보다 침묵이 더 따뜻할 때가 있다. 그 침묵은 공백이 아니라 이해의 공간이며, 마음이 자연스럽게 이어지는 다리다. 인간은 말로 관계를 시작하지만, 진정한 관계는 말 없는 시간 속에서 자라난다.

대화는 말의 교환이 아니라 감정의 흐름이다

많은 사람들이 좋은 대화를 '잘 말하는 능력'으로 생각하지만, 진짜 대화의 중심은 '듣는 능력'에 있다. 말을 많이 한다고 해서 소통이 이루어지는 것은 아니다. 서로의 감정을 읽고, 말하지 않은 여백을 이해하는 순간 대화는 비로소 의미를 가진다. 예를 들어 친구가 '오늘 좀 피곤해.'라고 말했을 때, 그것은 단순히 피로의 표현이 아닐 수 있다. '누군가 내 마음을 알아줬으면 좋겠다.'는 바람이 그 안에 숨어 있다. 이런 미묘한 신호를 읽어내는 능력이 바로 대화의 미학이다. 말은 감정을 전달하지만, 진심은 말과 말 사이의 조용한 틈에서 전해진다. 좋은 대화는 서로의 말에 반응하는 것이 아니라, 서로의 감정에 반응하는 일이다.

침묵은 관계의 온도를 보여준다

침묵은 어색함일 수도 있고, 편안함일 수도 있다. 처음 만난 사람과의 침묵은 불편하지만, 오래된 친구와의 침묵은 따뜻하다. 이는 침묵이 단절이 아니라 신뢰의 표현이 될 수 있음을 보여준다. 오랜 연인

이 함께 차를 마실 때 굳이 말을 하지 않아도 편안한 이유는, 서로가 이미 충분히 연결되어 있기 때문이다. 반대로 끊임없이 말을 해야만 관계가 유지되는 경우는 아직 마음의 거리가 존재한다는 뜻일 수도 있다. 침묵의 온도는 관계의 깊이를 보여주는 척도다. 말이 줄어들어도 서로의 마음이 이어져 있다면, 그 관계는 이미 성숙한 신뢰의 단계에 있다. 말보다 침묵이 자연스러운 순간이 많아질수록, 관계는 더 단단해진다.

문화가 만든 침묵의 의미

침묵은 문화에 따라 전혀 다르게 해석된다. 한국에서는 말을 아끼는 사람이 '신중하다'고 평가받지만, 서양에서는 '의견이 없는 사람'으로 오해받을 수 있다. 한국인은 회의 자리에서 조용히 상대의 말을 듣고 생각을 정리하는 데 집중하지만, 서양에서는 즉각적인 발언과 반응이 소통의 기본으로 여겨진다. 같은 침묵이 문화에 따라 전혀 다른 의미를 갖는 것이다. 그러나 어느 사회에서든 진심 어린 침묵은 존중의 표현이다. 상대의 말을 끊지 않고 잠시 멈추어 생각하는 시간, 그 여유가 대화의 품격을 만든다. 침묵은 비어 있는 시간이 아니라, 이해가 숙성되는 시간이다. 말보다 더 많은 것을 담고 있는 것이 바로 침묵이다.

말과 침묵은 균형을 이룰 때 아름답다

좋은 대화는 말과 침묵의 리듬이 조화를 이룰 때 완성된다. 음악에서 쉼표가 없으면 선율이 무너지듯, 대화에도 쉼표가 필요하다. 너무 많은 말은 감정의 여백을 지워버리고, 너무 깊은 침묵은 오해를 낳는다. 누군가의 고민을 들을 때 곧바로 조언을 하기보다 잠시 침묵을 두면, 상대는 스스로 감정을 정리할 시간을 갖는다. 그 짧은 멈춤이 진짜 대화의 시작이다. 말을 아끼는 것은 회피가 아니라 배려이며, 침묵을 지키는 것은 무관심이 아니라 신뢰의 표현이다. 대화의 미학은 말의 양이 아니라, 말이 멈추는 순간의 온도에서 결정된다. 말이 많을수록 소음이 커지지만, 잘 놓인 침묵은 마음을 울린다.

말의 무게와 침묵의 깊이

요즘 우리는 그 어느 때보다 많은 대화를 나누지만, 진짜 소통은 오히려 줄어들고 있다. 하루에도 수십 번 메시지를 주고받고, 짧은 문장으로 감정을 표현하지만, 그 안에는 진심이 담기지 않는다. 빠른 말과 즉각적인 반응이 관계를 이어주는 것처럼 보이지만, 오히려 마음을 멀어지게 만들기도 한다. 그래서 때로는 말을 멈추는 용기가 필요하다. 침묵은 생각의 여유를 주고, 말의 무게를 되돌아보게 만든다. 말은 순간의 감정이지만, 침묵은 숙성된 감정이다. 깊이 있는 대화는 빠른 대답보다 느린 공감에서 비롯된다. 우리는 대화를 통해 감정을 표현하지만, 침묵을 통해 그 감정을 정리한다.

진정한 대화는 말보다 마음이다

좋은 대화는 상대를 설득하는 말싸움이 아니라, 서로의 생각이 닿는 시간이다. 진심 어린 한마디는 수많은 화려한 표현보다 오래 남는다. 누군가의 침묵을 존중하고, 그 안의 감정을 이해하려는 태도는 관계를 단단하게 만든다. '괜찮아?'라는 질문보다 '같이 있을게.'라는 말이 더 큰 힘을 줄 때가 있다. 침묵은 말의 부족함이 아니라 감정이 충분하다는 증거다. 진정한 대화는 말을 줄이는 데서 시작되고, 마음을 채우는 데서 완성된다.

말과 침묵은 서로를 완성시키는 두 날개다. 말이 감정을 드러낸다면, 침묵은 그 감정을 다듬는다. 언어가 세상을 설명하는 힘이라면, 침묵은 세상을 느끼는 힘이다. 우리는 말을 통해 타인과 연결되고, 침묵을 통해 자신과 연결된다. 대화의 아름다움은 말의 화려함이 아니라, 침묵이 전하는 진심의 깊이에 있다. 말이 멈추는 순간, 마음이 비로소 열린다. 진정한 대화의 미학은 말과 침묵이 조용히 균형을 이루는 그 순간에 존재한다.

04
번역이 바꾼 문화의 흐름

세상은 언어로 연결되어 있지만, 그 언어를 완벽히 공유하는 사람은 없다. 같은 사물을 보아도 언어가 다르면 그 의미는 달라지고, 같은 사건을 겪어도 표현되는 감정은 다르다. 그래서 '번역'은 단순히 단어를 바꾸는 기술이 아니라 서로 다른 세계를 이어주는 다리다. 번역은 문화가 이동하는 통로이며, 새로운 사고가 태어나는 순간이다. 어느 시대든 번역이 활발한 곳에서는 사고가 확장되고, 문화가 성장한다.

번역은 언어의 교환이 아니라 사고의 교류다

책 한 권이 다른 언어로 옮겨질 때, 단순히 문장이 옮겨지는 것이 아니다. 그 안에는 가치관과 세계관, 삶의 방식이 함께 이동한다. 서양의 철학서나 소설이 한국에 번역되면서 '자유', '인권', '개인' 같은 단어가 우리 사회에 스며들었다. 이 단어들은 단순한 개념이 아니라 사고의 전환을 이끈 씨앗이었다. 번역은 언어의 이동이 아니라 생각의 이동이다. 한 문장이 다른 언어로 옮겨질 때, 새로운 시대의 언어가 태어난다.

단어 하나가 세계관을 바꾼다

언어에는 번역할 수 없는 뉘앙스가 존재한다. 예를 들어 영어의 'liberty'와 'freedom'은 모두 '자유'로 번역되지만, 전자가 사회적·정치적 자유라면 후자는 개인의 내면적 자유에 가깝다. 이런 미묘한 차이가 문화의 사고방식을 결정한다. 일본이 서양의 개념을 번역하며 '철학(哲學)', '경제(經濟)', '사회(社會)' 같은 한자어를 만들어낸 것도 그 예다. 이 단어들은 이후 동아시아 전역으로 퍼져 근대적 사고를 확립했다. 번역은 새로운 단어를 창조하고, 그것이 세계관의 변화를 이끈다.

번역의 어려움은 문화의 깊이를 드러낸다

번역이 어려운 이유는 언어가 단순한 기호가 아니라 문화의 총체이기 때문이다. 예를 들어 영어의 'serendipity'를 한국어로 옮기면 '뜻밖의 행운'이라 할 수 있지만, 그 안에는 우연한 발견의 기쁨이 함께 담겨 있다. 반대로 한국어의 '정(情)'을 영어로 옮기면 'affection'이나 'attachment'로 표현되지만, 그 따뜻한 지속성과 애틋함을 다 담기 어렵다. 번역은 완벽할 수 없지만, 바로 그 불완전함 속에서 문화의 깊이가 드러난다. 언어를 이해하려는 노력 자체가 이미 새로운 사유의 시작이다.

번역은 문화를 다시 태어나게 한다

하나의 작품이 다른 언어로 번역되는 순간, 그것은 다시 태어난다. 번역자는 단어를 해석하는 사람이 아니라, 문화를 다시 조립하는 창작자다. 예를 들어 셰익스피어의 'To be or not to be'는 한국어로 '사느냐 죽느냐, 그것이 문제로다'로 번역되었지만, 이 말은 생사에 대한 질문을 넘어 인간의 존재와 선택에 대한 철학적 고민을 담고 있다. 한국 독자는 그 문장을 통해 셰익스피어의 언어를 자신만의 감정으로 다시 느낀다. 번역은 문화가 다른 문화와 만나 새 생명을 얻는 과정이다.

오역이 만들어낸 새로운 의미들

때로는 번역의 실수조차 문화를 풍요롭게 만든다. 일본이 'romance'를 '낭만(浪漫)'으로 번역했을 때, 그 의미는 사랑 이야기를 넘어 감성적이고 시적인 세계로 확장되었다. 'revolution(혁명)' 역시 단순한 정치적 변화를 넘어 정신적 각성을 의미하게 되었다. 이런 '오역'은 단어의 경계를 넓히며 새로운 사상을 탄생시켰다. 번역은 언제나 완벽하지 않지만, 그 틈에서 문화는 자라난다. 언어가 흔들릴수록 생각은 더 넓어진다.

디지털 시대의 번역은 문화를 가속한다

오늘날 번역은 인공지능과 인터넷 덕분에 실시간으로 이루어진다. 세계 어디서든 사람들은 외국의 뉴스를 읽고, 다른 나라의 영화를 자막으로 본다. 언어의 장벽은 낮아졌지만, 그만큼 문화의 맥락이 사라지기도 한다. 기계는 단어의 뜻을 옮길 수 있지만, 그 속의 뉘앙스와 감정까지 옮기지는 못한다. 빠른 번역이 가능해진 시대일수록 우리는 '이해의 깊이'를 잃지 말아야 한다. 기술은 언어를 연결하지만, 진짜 소통은 여전히 사람의 몫이다.

번역은 서로 다른 세계를 연결하는 다리다

번역이 없다면 우리는 자신의 언어 속에 갇혀 살 것이다. 다른 언어의 세계를 읽는 순간, 우리는 익숙한 사고의 틀을 벗어난다. '행복'을 뜻하는 영어 단어 'happiness'의 어원은 '우연한 행운'이지만, 한국어의 '행복(幸福)'은 '복이 따른다'는 의미를 담고 있다. 이런 미묘한 차이는 문화가 세상을 해석하는 방식의 차이를 보여준다. 번역은 그 차이를 이해하게 하고, 타인의 세계를 존중할 수 있게 만든다.

언어는 문화를 담고, 번역은 그 문화를 이동시킨다. 번역을 통해 우리는 다른 사람의 감정과 사상을 배우고, 그것이 새로운 문화를 만든다. 번역은 단어의 이동이 아니라 인간의 이해를 확장하는 과정이다. 완벽한 번역은 없지만, 그 불완전함 속에서 사람은 서로를 배우고 세상은 넓어진다.

번역은 언어의 기술이 아니라 세상을 새롭게 바라보는 방법이다. 한 문장을 옮기는 순간, 그 언어를 말하는 사람의 삶이 함께 옮겨지고, 그때 세상은 조금 더 깊어진다.

05
언어로 세상을 다시 읽는 법

우리가 세상을 바라보는 방식은 눈으로 보는 것이 아니라 언어로 생각하는 것이다. 언어는 사물을 구분하고 감정을 표현하며 관계를 만든다. 같은 세상을 살아도 어떤 언어로 설명하느냐에 따라 의미는 달라진다. 말은 단순한 의사소통의 수단이 아니라 세상을 해석하는 렌즈다. 언어가 바뀌면 사고가 변하고, 사고가 변하면 세상은 전혀 다른 얼굴을 보여준다.

보는 법이 아니라 말하는 법이 세상을 만든다

사람은 눈으로 세상을 보지만, 마음속에서는 단어로 정리한다. 아이가 처음 사과를 배울 때 '이건 사과야.'라고 들으면, 그 순간부터 사과는 단순한 과일이 아니라 '사과'라는 개념으로 존재하게 된다. 언어가 사물의 본질을 규정해버리는 것이다. 어떤 문화에서는 하늘을 하나의 단어로 표현하지만, 다른 언어에서는 낮하늘·밤하늘·맑은 하늘을 구분해 말한다. 이렇게 언어는 우리가 세상을 분류하는 방식을 결정한다. 단어 하나가 현실의 경계를 만들어내는 셈이다.

말의 선택이 사고의 방향을 바꾼다

같은 현상도 어떤 단어를 쓰느냐에 따라 의미가 달라진다. '실패'를 '배움의 과정'이라 부르면 좌절은 성장의 일부가 된다. '고민한다.' 대신 '생각을 정리한다.'라고 말하면 감정의 결이 달라진다. 심리학에서는 이를 '프레이밍 효과'라고 부른다. '세금 감면'과 '세금 혜택'은 같은 뜻이지만, 후자가 더 긍정적으로 느껴진다. 언어는 사실을 전달하는 수단이 아니라 감정의 방향을 결정짓는 도구다. 우리가 세상을 어떤 말로 설명하느냐는 곧 우리가 어떤 시선으로 세상을 해석하느냐를 보여준다.

언어는 관계를 재구성하는 도구다

언어는 사람 사이의 거리도 만든다. '괜찮아요?'는 단순한 인사처럼 들릴 수 있지만, 진심이 담기면 위로가 된다. 반면 '왜 그래요?'라는 말은 같은 상황에서도 불쾌하게 들릴 수 있다. 단어의 뉘앙스가 관계의 분위기를 바꾼다. 또 한국어의 '우리 엄마'와 영어의 'my mother'처럼 언어는 문화의 사고방식을 반영한다. 하나는 관계 중심의 사고를, 다른 하나는 개인 중심의 사고를 드러낸다. 언어를 바꾸면 관계의 구조도 달라지고, 그 안에서 우리는 세상을 새롭게 경험한다.

번역이 만들어내는 또 다른 세계

다른 언어를 이해하는 일은 또 하나의 세계를 배우는 일이다. 일본어의 '모노노아와레(物の哀れ)'는 사물의 덧없음 속에서 느끼는 슬픔이지만, 한국어로는 '정'이나 '그리움'으로밖에 옮기기 어렵다. 그러나 그 단어를 이해하려는 순간, 우리는 일본 문화의 감성을 엿본다. 반대로 한국어의 '한(恨)'은 영어로 완전히 번역되지 않는다. 슬픔이자 인내이고, 체념이자 힘이기 때문이다. 번역은 완벽할 수 없지만, 그 불완전함 속에서 언어의 깊이가 드러난다. 다른 언어를 배우는 일은 단어를 익히는 것이 아니라, 다른 사고의 세계를 경험하는 일이다.

언어는 살아 있는 생명이다

시간이 흐르며 언어는 끊임없이 변한다. 과거에는 '근면'과 '희생'이 덕목이었다면, 지금은 '자기다움'과 '힐링'이 더 자주 쓰인다. 시대가 바뀌면 언어가 바뀌고, 언어가 바뀌면 생각이 바뀐다. '청춘'이 한때 고통의 상징이었다면, 이제는 가능성과 열정의 상징이다. 새로운 단어가 생기면 새로운 사고가 뒤따른다. '비혼'이라는 말이 등장하면서 결혼하지 않는 삶이 '특이한 선택'이 아니라 '하나의 방식'으로 인정받게 된 것처럼, 언어는 사회가 스스로를 바라보는 거울이다.

말의 한계를 넘어서려는 시도

우리는 종종 말로 표현되지 않는 감정 앞에서 멈춘다. 아무리 단어를 나열해도 다 담을 수 없을 때, 사람은 시를 쓰고 노래를 부른다.

시인은 짧은 문장에 수백 가지 감정을 담고, 음악가는 언어 대신 리듬으로 마음을 전한다. 언어의 한계는 동시에 인간의 창조성을 자극한다. 우리는 더 나은 표현을 찾기 위해 계속 언어를 다듬는다. 말이 완벽하지 않기에, 인간은 끊임없이 사유하고 성장한다.

세상을 다시 읽는 언어의 힘

언어는 눈에 보이지 않지만 세상을 지탱한다. 말이 바뀌면 생각이 달라지고, 생각이 달라지면 행동이 달라진다. 단어 하나가 하루를 바꾸고, 그 변화가 사회를 움직인다. '고맙다.'에는 감사뿐 아니라 관계를 지키려는 마음이, '괜찮다.'에는 상처를 감추는 용기가 담겨 있다. 언어는 인간이 세상을 이해하고 서로를 이어주는 가장 인간적인 다리다.

언어로 세상을 다시 읽는다는 것은 단어를 새로 배우는 일이 아니라 마음을 새롭게 여는 일이다. 익숙한 말 속에도 새로운 의미가 숨어 있고, 우리가 그것을 다시 발견할 때 세상은 전혀 다른 빛으로 보인다. 언어를 바꾸면 사고가 변하고, 사고가 변하면 세상도 다시 써진다.

그래서 언어를 이해한다는 것은 곧 세상을 새롭게 읽는 법을 배우는 일이다.

예술이 우리에게 가르쳐주는 것

01
그림 속에 숨어 있는 인간의 욕망

예술 작품 앞에 서면 사람들은 종종 묻는다.

"이 그림은 무엇을 말하려는 걸까?"

그러나 더 중요한 질문은 따로 있다.

"이 그림을 보고 나는 왜 이런 감정을 느낄까?"

그림은 단순한 시각의 대상이 아니라 인간의 내면을 비추는 거울이다. 색과 선, 구도와 시선 속에는 인간이 가진 가장 근원적인 욕망이 숨어 있다. 우리는 아름다움을 추구하고, 불안 속에서도 의미를 찾으며, 사라질 것들을 붙잡으려 한다. 그 모든 마음의 흔적이 예술 속에 새겨져 있다.

보이는 것 너머의 욕망

레오나르도 다빈치의 '모나리자'를 떠올려보자. 수많은 사람들이 그녀의 미소를 보며 묻는다. 웃는 걸까, 슬픈 걸까. 그러나 아무도 그 정체를 설명하지 못한다. 그 모호한 표정은 인간이 진심을 완전히 드러내지 못하는 존재임을 상징한다. 우리는 사랑받고 싶어 하면서도 상처받기 두렵고, 이해받고 싶으면서도 속마음을 숨긴다. '모나리자'의 미소가 사람들을 사로잡는 이유는 그 복잡한 욕망의 결이 우리 안에도 있기 때문이다. 예술은 대답이 아니라 질문으로 인간의 마음을 비춘다.

아름다움을 향한 집착

르네상스 시대의 화가들은 인간의 몸을 신의 형상처럼 그렸다. 미켈란젤로의 '다비드상'을 보면 차가운 대리석이 살아 있는 긴장감으로 바뀐다. 그 완벽한 비율은 단순한 미학이 아니라 인간이 신의 경지에 닿고자 한 욕망의 표현이었다. 우리는 언제나 완벽함을 꿈꾼다. 얼굴을 꾸미고, 몸을 다듬고, 삶을 아름답게 포장하려 한다. 하지만 예술은 묻는다.

"당신이 추구하는 아름다움은 진짜인가, 아니면 세상이 만든 기준인가?"

아름다움의 집착은 우리를 향한 사회의 압박과 불안을 드러낸다. 예술은 그 모순된 마음을 그대로 비춘다.

소유하고 싶은 마음의 그림자

얀 반 에이크의 '아르놀피니 부부의 초상'을 보면 방 안의 거울이 모든 이야기를 품고 있다. 그 거울 속에는 화가 자신이 비친다. 이는 단순한 장식이 아니라 '나는 이 장면을 보고 있다.'라는 선언이다. 예술가는 순간을 붙잡고 싶어 하는 욕망으로 그림을 그렸고, 관객은 그 장면을 '가지고' 싶어 한다. 인간은 아름다운 것을 보면 본능적으로 소유하고 싶어 한다. 우리는 사진을 찍고, 전시를 관람하며, 예술을 내 것으로 만들려 한다. 예술은 그렇게 인간의 '가지려는 욕망'을 드러내며, 동시에 그 욕망이 결코 완전히 충족될 수 없음을 보여준다.

죽음을 넘어 존재하려는 마음

많은 예술 작품은 사라짐에 대한 두려움에서 태어났다. 고흐의 해바라기는 피고 지는 꽃의 생명을 붙잡으려는 시도였다. 그는 시드는 꽃을 그리며 사라짐 속에서도 존재를 남기고자 했다. 인간은 끝을 알고도 무언가를 남기려 한다. 그림을 그리고, 글을 쓰고, 노래를 남긴다. 그것은 기록이 아니라 존재의 증거다. 고흐의 거친 붓질은 그가 살아 있었음을 증명하고, 우리는 그 흔적을 보며 그의 감정을 이어받는다. 예술은 이렇게 시간과 죽음을 넘어 인간을 연결하는 다리다.

보여지려는 욕망, 현대의 예술

오늘날의 예술은 캔버스를 넘어 거리와 디지털 공간으로 확장되었다. 그래피티, 영상, SNS의 사진까지 모두 표현의 장이 된다. 현대 사회의 인간은 '보여지려는 욕망' 속에서 산다. 앤디 워홀의 말처럼 '미래에는 누구나 15분 동안 유명해질 것'이라는 예언은 이미 현실이 되었다. 우리는 SNS에 자신을 전시하고, 좋아요와 댓글로 존재를 확인한다. 그림이 벽에 걸려 시선을 받듯, 현대인은 디지털 세상 속에서 자신을 끊임없이 드러내며 인정받고자 한다. 그것은 예술의 새로운 형태이자 인간 욕망의 현대적 표현이다.

욕망을 이해할 때 예술이 완성된다

예술은 욕망을 숨기지 않는다. 오히려 그 욕망을 통해 인간을 이해하게 만든다. 사랑받고 싶은 마음, 잊히기 두려운 마음, 아름다움을 향한 열망은 인간을 인간답게 만든다. 예술은 그 마음을 색과 형태로 드러내며, 관객은 그 앞에서 자신의 욕망을 마주한다. 욕망은 때로 인간을 혼란스럽게 하지만 동시에 살아 있게 하는 에너지다. 예술을 본다는 것은 그 욕망의 색을 읽는 일이다.

예술은 인간의 욕망을 부끄러워하지 않는다. 오히려 그 속에서 인간의 진실을 찾는다. 그림 속 인물은 때로 완벽하고, 때로 불안하며, 때로 추하다. 그러나 그 모든 모습이 인간의 본모습이다. 예술은 우리에게 조용히 말한다.
"욕망을 이해하는 순간, 당신은 인간을 이해하게 된다."

02
음악은 감정의 언어다

음악은 말보다 먼저 존재한 언어다. 아직 문자가 없던 시절에도 사람들은 북을 두드리고, 피리를 불며 자신의 마음을 전했다. 슬플 때는 낮은 음으로 흐느끼고, 기쁠 때는 빠른 리듬으로 몸을 흔들었다. 음악은 인간이 세상과 소통하기 위해 만들어낸 최초의 언어이자 감정의 가장 순수한 형태다. 말은 때로 거짓을 품지만, 음악은 감정 그 자체로 존재한다. 그래서 우리는 음악을 들을 때 이유를 설명할 수 없는데도 눈물이 흐르거나 마음이 따뜻해진다. 그것은 머리로 이해하는 것이 아니라 마음으로 느끼는 소통이다.

감정을 대신 말해주는 멜로디

실연 후 잔잔한 피아노 선율을 들으며 눈물을 흘리는 이유는 그 곡이 우리의 감정을 대신 말해주기 때문이다. 쇼팽의 녹턴을 들어보면, 말로 표현하기 어려운 외로움이 서정적인 선율로 흘러나온다. 단조로운 리듬 속에서 사람들은 자신이 느끼는 그리움과 상실을 떠올린다. 음악은 '괜찮다.'는 말을 하지 않아도 이미 마음속 깊은 곳을 어루만진다. 말로 설명하기 어려운 감정이 멜로디로 형태를 얻는 순간, 우리는 위로를 받는다. 그래서 이별 후, 실패 후, 혹은 기쁨의 순간에도 우리는 음악을 찾는다. 음악은 인간의 감정을 가장 진실하게 드러내는 거울이다.

기억을 불러오는 소리의 힘

음악은 시간을 건너뛰는 기억의 열쇠이기도 하다. 오랜만에 들은 노래 한 곡이 갑자기 지난 시절을 떠올리게 한다. 학창시절의 첫사랑, 가족과의 여행, 혹은 외롭던 어느 밤이 음악 한 소절에 되살아난다. 음악은 감정과 기억을 함께 저장하는 언어다. 뇌과학 연구에 따르면 음악을 들을 때 언어를 담당하는 부분뿐 아니라 감정과 기억을 관장하는 해마가 함께 활성화된다고 한다. 그래서 음악은 단순히 귀로 듣는 것이 아니라 마음으로 기억하는 예술이다. 노래는 사라진 시간이 아니라, 그때의 나 자신을 다시 불러오는 주문이 된다.

리듬 속에 숨은 인간의 본능

음악을 들으면 우리는 본능적으로 몸을 움직인다. 리듬은 인간의 심장박동과 닮아 있기 때문이다. 빠른 비트는 심장을 빠르게 뛰게 하고, 느린 선율은 호흡을 잔잔하게 만든다. 고대 부족들이 전쟁 전 북을 울리며 용기를 냈던 이유도 여기에 있다. 리듬은 두려움을 이기게 하고, 공동체를 하나로 묶는다. 오늘날에도 운동할 때 신나는 음악을 들으면 더 오래, 더 강하게 움직일 수 있다. 리듬은 인간의 생명과 연결된 가장 원초적인 언어이며, 우리는 그 안에서 살아 있음을 느낀다. 음악은 머리로 이해하기 전에 몸이 먼저 반응하는 예술이다.

언어가 달라도 통하는 이유

음악은 국경과 언어를 초월한다. 가사를 몰라도 우리는 외국의 노래에 감동받는다. 바흐의 클래식, 비틀즈의 팝, BTS의 무대가 세계인의 마음을 움직이는 이유는 그 안에 언어보다 깊은 감정의 진동이 있기 때문이다. 전쟁 중에도 음악은 사람들을 하나로 모았다. 베토벤의 '합창'은 자유를, 밥 말리의 '원 러브'는 평화를 노래했다. 음악은 말이 통하지 않아도 마음을 연결한다. 그것은 인간이 서로를 이해할 수 있는 마지막 언어이자, 세상을 조금 더 따뜻하게 만드는 목소리다.

삶 속에서 숨 쉬는 음악

음악은 무대 위나 공연장에서만 존재하지 않는다. 출근길 버스의 라디오, 카페의 잔잔한 배경음, 아이가 흥얼거리는 노래까지 모두 우리 삶의 일부다. 냄비 뚜껑이 부딪히는 소리, 비가 떨어지는 소리도 리듬이 된다. 사랑하는 이가 불러주는 노래, 혼자 듣는 밤의 멜로디, 그 모든 순간에 음악은 감정을 채색한다. 우리는 음악으로 기쁨을 표현하고, 슬픔을 견디며, 용기를 얻는다. 어떤 노래는 위로가 되고, 또 다른 노래는 추억이 되며, 어떤 곡은 다시 일어설 힘이 된다. 음악은 삶의 리듬과 함께 흐르며 인간의 감정을 잇는 실처럼 작동한다.

음악이 가르쳐주는 공감의 언어

음악은 타인의 감정을 이해하게 만든다. 사랑 노래를 들으며 전혀 모르는 사람의 이야기에 눈물이 나는 이유는 음악이 인간의 공통된 감정 언어를 가지고 있기 때문이다. 음악을 통해 우리는 타인의 아픔을 느끼고, 그 속에서 자신의 감정을 비춰본다. 그래서 음악은 단순히 듣는 것이 아니라 '공감의 연습'이다. 감정을 표현하는 법을 배우는 동시에, 다른 사람의 마음을 이해하는 법을 배우게 되는 것이다. 음악은 말하지 않아도 마음을 전달하고, 듣는 사람의 내면을 열어준다.

감정의 언어로 세상을 이해하다

음악은 우리를 논리의 세계에서 감정의 세계로 이끈다. 피아노의 여린 음, 바이올린의 떨림, 드럼의 울림은 인간의 마음이 얼마나 복잡하고 섬세한지를 보여준다. 기쁨과 슬픔, 분노와 평온, 사랑과 상실이 한 곡 안에서 공존한다. 음악을 듣는다는 것은 결국 인간의 감정을 이해하는 일이며, 자신을 이해하는 일이다.

음악은 말없이 속삭인다. 감정은 숨길 수 없고, 느낄 때 비로소 살아 있음을 안다고. 세상의 소음 속에서도 마음을 울리는 한 소절이 있다면, 그것은 음악이 아니라 내 안의 감정이 깨어나는 순간이다. 음악은 감정의 언어이자 인간이 세상과 이어지는 가장 순수한 다리다.

03
영화가 철학이 되는 순간

영화는 단순히 눈으로 보는 예술이 아니다. 그것은 인간의 생각과 감정을 움직이는 또 하나의 철학이다. 우리는 두 시간 남짓의 상영 동안 웃고, 울고, 침묵하며 스스로의 마음을 들여다본다. 영화는 인생을 압축한 이야기이자, 세상을 바라보는 또 다른 언어다. 스크린 속 인물의 선택은 우리의 고민을 대신하고, 한 장면의 대사는 철학책보다 강한 울림을 남긴다. 영화는 논리보다 감정으로 인간의 본질을 이해하게 만든다.

한 장면이 남기는 질문

많은 이들이 '쇼생크 탈출'을 기억한다. 감옥에 갇힌 남자가 희망을 잃지 않고 터널을 파 자유를 찾는 이야기다. 하지만 이 영화가 던지는 질문은 단순한 감동을 넘어선다.

"진정한 자유란 무엇인가?"

주인공 앤디는 감옥 안에서도 마음만은 자유롭지만, 세상에 나온 브룩스는 자유를 얻고도 무너진다. 영화는 묻는다. '당신은 지금 자유로운가?' 철학서 속의 개념이 영화에서는 살아 있는 이야기로 변한다. 한 장면의 표정, 한 줄의 대사가 긴 설명보다 깊은 메시지를 던지는 이유는, 그것이 인간의 경험으로 전해지기 때문이다.

감정으로 전하는 철학

영화는 머리로 이해하는 철학이 아니라 마음으로 느끼는 철학이다. '인사이드 아웃'을 보면 인간의 감정이 얼마나 섬세하게 얽혀 있는지 알 수 있다. 슬픔이 없으면 기쁨도 의미가 없고, 눈물 속에서 성장이 시작된다는 메시지는 단순한 어린이 영화의 외피를 넘어선다. 주인공 라일리의 감정을 보며 우리는 스스로 묻는다.

"나는 내 감정을 제대로 바라보고 있을까?"

영화는 감정을 통해 철학을 체험하게 하고, 복잡한 마음을 이해하는 길을 제시한다.

웃음 속의 아이러니

찰리 채플린의 '모던 타임즈'를 보면 웃음 뒤에 눈물이 숨어 있다. 공장의 기계에 갇힌 채플린은 익살스럽지만, 그 웃음 뒤에는 인간이 기계보다 하찮아진 시대의 슬픔이 있다. 그는 말 한마디 없이 시대의 모순을 보여준다. 영화는 이렇게 웃음과 슬픔, 풍자와 진실을 함께 담아낸다. 인간의 삶은 늘 모순으로 가득하며, 영화는 그 복잡한 감정을 빛과 그림자로 압축해 보여준다.

사랑과 기억의 철학

'이터널 선샤인'은 기억을 지워도 사랑은 사라지지 않는다는 것을 보여준다. 주인공 조엘과 클레멘타인은 서로의 기억을 지우면서도 다시 사랑에 빠진다. 영화는 묻는다.

"우리는 왜 같은 실수를 반복할까?"

"사랑이란 무엇일까?"

영화는 정답을 주지 않는다. 대신 관객이 인물의 감정 속에서 스스로 답을 찾게 만든다. 그래서 어떤 영화는 시간이 흘러도 잊히지 않는다. 그 이야기가 우리 안에 살아 있기 때문이다.

이미지의 철학, 말보다 깊은 침묵

영화의 본질은 '보여주는 것'에 있다. 색감과 조명, 그리고 침묵이 대사보다 강한 의미를 가진다. '패터슨'의 주인공은 매일 같은 버스를 몰며 일상 속에서 시를 쓴다. 특별한 사건은 없지만, 그의 반복된 하루 속에서 관객은 사색과 평온을 느낀다. 영화는 이렇게 평범한 일상 속에서 철학을 발견하게 한다. 철학은 거대한 사상이 아니라 하루를 어떻게 바라보는가에서 시작된다는 사실을 알려준다.

설명하지 않는 용기

많은 명작은 마지막에 침묵으로 끝난다. '로스트 인 트랜슬레이션'

에서 두 주인공은 속삭이지만, 그 말은 들리지 않는다. 그러나 우리는 그 감정을 이해한다. 그것이 영화의 철학이다. 모든 것을 말하지 않아도 마음이 통할 수 있다는 믿음, 그것이 인간의 진실이다. 철학이 논리의 언어라면, 영화는 감정의 언어로 철학을 말한다. 침묵은 설명보다 깊고, 여백은 때로 가장 큰 메시지가 된다.

영화는 삶의 철학이다

우리는 영화 속에서 자신을 본다. 실패하고, 사랑하고, 다시 일어서는 인물들을 통해 위로를 얻는다. 어떤 영화는 현실을 직면하게 만들고, 어떤 영화는 잠시 잊게 한다. 그러나 모든 영화는 결국 우리에게 묻는다.

"나는 왜 이렇게 살아가고 있을까?"

철학은 바로 그 질문에서 시작된다. 영화는 철학을 책에서 끌어와 일상 속으로 옮겨놓는다.

영화는 빛으로 만들어졌지만, 그 빛이 닿는 곳은 언제나 인간의 마음이다. 웃음과 눈물, 침묵과 대화 속에서 우리는 자신을 비춘다. 그래서 영화는 단순한 오락이 아니라 인간을 이해하게 만드는 철학의 거울이다. 스크린을 떠난 뒤에도 우리는 여전히 그 장면 속을 걷는다.

"나는 지금 어떤 장면을 살고 있는가?"

그 물음이 남는 순간, 영화는 철학이 된다.

04
예술과 현실의 경계가 흐려질 때

예술은 현실을 모방하지만, 때로는 현실이 예술을 닮아간다. 우리는 매일 예술 속 이미지를 소비하며, 그 안에서 현실을 느끼고 다시 해석한다. 영화 속 장면을 따라 옷을 입고, 광고의 감정을 흉내 내며, 노래 한 소절에 자신의 마음을 대입한다. 예술은 더 이상 전시장이나 무대 위에 머물지 않는다. 스마트폰 속 영상, SNS의 사진, 우리가 쓰는 한 문장조차도 일종의 예술 행위가 되었다. 예술과 현실의 경계가 흐려지는 순간, 인간의 감정과 인식은 새로운 형태로 변화하기 시작한다.

현실을 닮은 예술, 예술이 된 현실

르네 마그리트의 그림 '이미지의 배반'에는 파이프가 그려져 있지만, 그 아래엔 이렇게 쓰여 있다.

"이것은 파이프가 아니다."

그는 묻는다.

"우리가 보는 것이 진짜일까?"

그림 속 파이프는 실물이 아닌, 단지 '파이프의 이미지'일 뿐이다. 예술은 현실을 모방하면서 동시에 새로운 세계를 창조한다. 그러나 오늘날 SNS 속 세상은 이 관계를 뒤집는다. 사람들은 현실보다 사진 속 자신에게 더 많은 의미를 부여한다. '좋아요'의 숫자가 실제의 자존감을 대신하고, 필터 속의 모습이 더 진짜처럼 느껴진다. 우리는 현실을 살면서도, 스스로 만든 '예술적인 나'를 연기하며 살아간다.

광고와 이미지가 만든 연출된 현실

현대 사회에서 예술의 언어는 광고와 미디어로 옮겨왔다. 광고는 제품이 아니라 감정을 설계한다. 향수 광고 속 바람, 카페 광고의 햇살, 자동차 광고의 도로 풍경은 모두 '삶의 한 장면'을 연출한다. 현실에서는 단 몇 초의 세트지만, 우리는 그 장면 속에서 자신이 되고 싶은 모습을 본다. '저런 삶을 살고 싶다.'는 감정이 바로 예술이 현실을 바꾸는 순간이다. 현실의 경험보다 예술적으로 포장된 이미지를 더 선호하며, 우리는 점점 '연출된 현실' 속에서 살아간다. 예술이 현실을 모방하던 시대에서, 이제는 현실이 예술의 시나리오를 따라가고 있다.

가상과 현실이 만나는 새로운 무대

디지털 기술은 예술과 현실의 경계를 완전히 흐려놓았다. 가상현실 전시에서는 관객이 작품 안으로 들어가 걷고, 인공지능이 만든 음악과 그림이 사람의 감정을 움직인다. 일본의 팀랩 전시처럼 빛과 소리가 공간 전체를 감싸고 관객의 움직임에 따라 변화한다. 이때 관객은 단순히 '보는 사람'이 아니라, 예술의 일부가 된다. 창작자와 관객의 구분이 사라지고, 예술은 '함께 만들어가는 현실'이 된다. 예술은 이제 감상보다 '참여'의 시대에 들어선 것이다.

현실을 예술로 바라보는 시선

예술이 현실을 흡수하면서, 반대로 현실도 예술을 닮아간다. 도시의 벽화, 가로등의 그림자, 일상의 대화 속 은유까지 우리는 무의식적으로 예술의 언어로 세상을 본다. SNS에 올린 사진도 단순한 기록이 아니라 '이 순간이 아름답다.'는 감정의 표현이다. 우리는 일상 속에서 스스로 연출가가 되어 현실을 작품으로 만든다. 결국 예술은 특별한 재능이 아니라 세상을 다르게 보는 감각이다. 누군가는 커피잔 위의 빛에서 예술을 보고, 누군가는 창밖의 풍경에서 이야기를 발견한다. 현실은 그대로지만, 그것을 바라보는 시선이 예술을 만든다.

경계가 사라질수록 필요한 질문

예술과 현실이 섞이면서 우리는 새로운 자유를 얻었지만, 동시에 혼란도 겪는다. 무엇이 진짜 감정이고, 무엇이 연출된 감정인지 구분하기 어려워진다. SNS에 행복한 사진을 올리지만 마음은 공허하고, 완벽한 장면을 남기려다 실제의 순간을 놓치기도 한다. 예술이 현실을 미화할수록 그 속의 진실은 가려진다. 하지만 예술은 거짓이 아니라 '다른 방식의 진실'을 보여준다. 현실이 너무 빠르고 복잡할 때, 예술은 잠시 멈춰서 삶의 의미를 다시 보게 하는 거울이 된다.

예술과 현실이 만나는 지점에서

예술은 현실을 부정하지 않는다. 오히려 그 이면의 감정과 의미를 드러낸다. 영화 속 한 장면을 보고 삶을 다시 생각하고, 음악을 들으며 잊었던 감정을 되살리고, 그림 한 점에서 자신의 내면을 발견하는 순간 우리는 예술과 현실의 경계 위에 서 있다. 그 경계는 명확한 선이 아니라, 부드럽게 흐르는 빛처럼 우리 곁에 존재한다. 예술이 현실을 닮을수록 현실도 예술처럼 깊어진다. 우리는 그 사이를 오가며 묻는다.

"내가 보고 있는 이 세상은 진짜일까, 아니면 내가 만들어낸 예술일까?"

예술과 현실이 섞이는 시대, 그 혼란은 새로운 가능성의 시작이다. 이제 예술은 무대 위가 아니라, 우리가 보고 듣고 느끼는 모든 순간 속에 있다. 현실을 더 깊게 이해하게 만드는 힘, 그것이 예술이 우리에게 남겨주는 가장 아름다운 선물이다.

창조와 모방 사이, 인간의 상상력

모든 예술은 새로움을 꿈꾸지만, 완전히 새로운 것은 세상에 존재하지 않는다. 우리가 '창조'라고 부르는 대부분의 것들은 이미 존재하는 것들의 조합, 변형, 그리고 재해석이다. 인간은 본능적으로 세상을 모방하며 배우고, 그 모방을 넘어서는 순간 상상력이 태어난다. 아이가 부모의 말을 흉내 내며 언어를 배우듯, 예술가 역시 세상을 모방하며 자신만의 언어를 만들어간다. 창조와 모방은 대립되는 개념이 아니라, 서로를 완성시키는 두 개의 날개다.

모방에서 시작되는 창조의 첫걸음

레오나르도 다빈치가 남긴 수많은 드로잉은 완벽한 창조의 순간이 아니라, 끊임없는 관찰과 모방의 결과였다. 그는 새의 날개를 관찰하며 비행의 원리를 연구했고, 물의 흐름을 보며 인간의 신체 구조를 떠올렸다. 그에게 모방은 단순한 따라하기가 아니라, 자연의 원리를 이해하고 그 속의 아름다움을 발견하는 과정이었다. 실제로 어린 시절 그림을 배우는 모든 학생은 먼저 명화를 '그대로 베끼는 일'부터 시작한다. 모방을 통해 형태와 감각을 익히고, 그 속에서 자신만의 변화를 만들어낸다. 즉, 모방은 창조의 준비 단계이며, 인간의 상상력이 뿌리내리는 첫 번째 토양이다.

완전한 새로움은 없다, 조합의 예술만 있다

피카소는 '좋은 예술가는 모방하고, 위대한 예술가는 훔친다.'고 말했다. 이 말은 도둑질을 옹호하는 말이 아니라, 예술이란 기존의 것을 '자신의 언어로 재창조하는 능력'임을 의미한다. 피카소의 입체주의 회화는 사실 고대 아프리카 조각과 원시 예술에서 영감을 받은 것이었다. 그는 기존의 형식과 시각을 재구성해 전혀 다른 감각을 만들어냈다. 현대의 예술과 디자인도 마찬가지다. 스마트폰, 자동차, 건축물까지 모두 과거의 형태와 기능을 변형하고 결합한 결과다. 창조는 무에서 생겨나는 기적이 아니라, '다르게 보는 시선'에서 시작된다. 우리가 보는 일상 속 사물도 조금만 시선을 바꾸면 새로운 아이디어의 씨앗이 된다.

상상력은 연결의 기술이다

상상력이란 없는 것을 만들어내는 힘이 아니라, 서로 다른 것들을 연결하는 능력이다. 예를 들어 애플의 창업자 스티브 잡스는 컴퓨터와 예술, 기술과 인간의 감성을 결합시켰다. 그는 기술을 예술로 바라봤고, 그 결과 아이폰은 단순한 기기가 아닌 '감성의 도구'가 되었다. 또 영화감독 스탠리 큐브릭은 문학, 음악, 회화, 과학을 결합해 하나의 세계를 만들어냈다. 그의 영화 '2001: 스페이스 오디세이'는 단순한 SF가 아니라 인간 존재에 대한 철학적 질문을 던진 예술로 남았다. 이처럼 상상력은 분야를 넘나드는 사고에서 태어난다. 완전히 새로운 발명보다는, 이미 존재하는 것들을 새롭게 연결하는 능력이 인간의 창의성을 확장시킨다.

모방이 불러온 예술의 진화

역사를 보면 모방은 언제나 예술의 발전을 이끌었다. 르네상스 시대의 화가들은 고대 그리스와 로마의 조각을 모방하며 인체의 비율을 완성했고, 인상파 화가들은 전통적인 기법을 벗어나 '빛의 표현'을 새롭게 해석했다. 인상파 역시 과거의 모방이었지만, 그 모방 속에서 '다른 시선'을 더했기에 혁명이 되었다. 현대의 영화와 음악도 과거의 장르를 변형하며 새로운 감동을 만들어낸다. 힙합의 샘플링처럼, 기존 음악의 한 조각을 재조합해 새로운 리듬을 만드는 것도 창조의 한 방식이다. 모방은 과거의 흔적을 이어주는 다리이자, 미래로 나아가는 창조의 출발점이다.

상상력의 본질은 질문하는 능력이다

진짜 창조는 완성된 답이 아니라 끝없는 질문에서 시작된다. 예술가는 늘 묻는다.

"이걸 다르게 볼 수는 없을까?"

"이 감정을 다른 방식으로 표현할 수는 없을까?"

모방이 익숙함을 주는 언어라면, 상상력은 그 익숙함을 의심하는 용기다. 반 고흐는 수없이 많은 화가들의 풍경화를 보았지만, 그 중 어느 것도 그의 마음속 풍경과 같지 않았다. 그래서 그는 세상을 자신만의 색으로 다시 그렸다. 그가 사용한 강렬한 노란색과 휘어진 붓 놀림은 현실의 모방이 아니라, 감정의 재해석이었다. 상상력은 결국 '자신의 세계를 믿는 힘'에서 시작된다.

창조와 모방이 만날 때, 인간은 성장한다

오늘날 우리는 인공지능이 그림을 그리고 음악을 만드는 시대에 살고 있다. 이 기술은 엄청난 양의 데이터를 '모방'함으로써 새로운 결과를 만들어낸다. 하지만 인간의 예술과 다른 점은, 그 속에 '의미를 묻는 마음'이 없다는 것이다. 인간의 창조는 단순한 결과물이 아니라, 세상을 향한 감정과 질문의 표현이다. 따라서 모방은 인간에게 필요한 학습의 과정이지만, 그것만으로는 창조가 될 수 없다. 창조는 감정이 개입될 때, 그리고 자신만의 이야기가 더해질 때 완성된다.

상상력은 인간을 인간답게 만든다

예술에서 상상력은 단순한 재능이 아니라 인간 존재의 본능이다. 우리는 세상을 있는 그대로 받아들이지 않고, 언제나 그 너머를 상상한다. 그 상상이 때로는 새로운 기술을 만들고, 때로는 아름다운 이야기를 만든다. 인간이 동물과 다른 점은 바로 '없는 것을 믿는 능력'이다. 보이지 않는 것을 그리고, 들리지 않는 소리를 상상하며, 아직 오지 않은 미래를 꿈꾼다. 그것이 창조와 모방 사이에서 인간이 세상을 확장시켜온 방식이다.

창조는 모방에서 태어나고, 모방은 창조로 완성된다. 인간의 상상력은 이 두 세계를 잇는 다리이며, 그 위를 걷는 과정 자체가 예술이다. 완벽히 새로운 것은 없지만, 우리만의 시선으로 세상을 다시 보는 순간, 세상은 또 한 번 새로워진다. 이것이 예술이 우리에게 가르쳐주는 가장 단순하면서도 위대한 진리다.

인문학으로 다시 보는 나와 세상

01
나를 만든 질문들

우리가 살아오며 마주한 모든 순간에는 크고 작은 질문들이 숨어 있다. 왜 이런 선택을 했을까, 왜 이 말을 듣고 상처받았을까, 나는 어떤 사람이 되고 싶은 걸까. 이런 물음들은 단순한 궁금증이 아니라 나를 비추는 거울이다. 인문학은 그 거울을 조금 더 맑게 닦아주는 과정이며, '나는 누구인가?'라는 오래된 질문을 다시 꺼내어보는 일이다. 어릴 때는 세상에 대한 호기심이 질문을 만들었다면, 어른이 된 후에는 자신에 대한 의문이 질문의 중심이 된다. 나이를 먹을수록 '정답을 찾는 일'보다 '왜 그렇게 느끼는지'를 묻는 일이 중요해지는 이유다. 결국 질문은 단순히 답을 얻기 위한 과정이 아니라, 내가 어떤 방향으로 나아가고 있는지 스스로를 비추는 과정이다.

질문은 성장의 첫걸음이다

질문이 나를 만든다는 말은 단순한 말이 아니다. 어느 날 갑자기,

반복되는 하루 속에서 '나는 왜 이 일을 계속해야 하지?'라는 생각이 스쳐 지나간다면, 그것은 불만이 아니라 자기 이해의 시작이다. 이런 질문에 진심으로 귀 기울이는 사람은 자신이 진정으로 추구하는 가치가 무엇인지, 지금의 삶이 그 가치와 얼마나 맞닿아 있는지를 알게 된다. 어떤 이는 그 물음 끝에 '안정'을, 또 다른 이는 '도전'을 택한다. 중요한 것은 답의 형태가 아니라 그 질문을 던지는 태도다. 묻는 순간 우리는 더 이상 하루를 흘려보내지 않고, 자신의 방향을 스스로 점검하게 된다. 질문은 나를 불편하게 만들지만, 그 불편함이 변화의 출발점이 된다. 생각하지 않으면 멈춰 있고, 묻지 않으면 갇혀 있다. 묻는 순간 비로소 삶은 움직이기 시작한다.

불안과 마주하는 용기

질문은 때로 불안을 만든다. '나는 왜 남보다 느릴까?', '왜 나만 이런 상황일까?'라는 물음은 우리를 괴롭히지만, 동시에 그 불안을 통해 스스로를 깊이 이해하게 만든다. 어떤 학생이 남들보다 성취가 느려 괴로워하다가, '정말 중요한 건 속도가 아니라 방향이 아닐까?'라고 되묻는 순간, 그의 시선은 타인에서 자신으로 옮겨간다. 불안은 나를 잡아두는 감정이 아니라, 나를 다시 바라보게 하는 기회가 된다. 사람들은 흔히 불안에서 벗어나려 하지만, 불안을 피하지 않고 그 안에서 질문을 던질 때 비로소 자신을 이해한다. 그것이 성장의 과정이며, 진짜 변화는 그때 시작된다. 묻는다는 건 스스로에게 정직하다는 뜻이다. 마음 깊은 곳의 불편한 감정까지도 외면하지 않고 바라볼 용기, 그것이 삶을 단단하게 만든다.

과거를 다시 읽는 질문

질문은 과거를 새롭게 바라보게 한다. 오래전의 실수나 상처를 떠올릴 때 '그때 나는 왜 그렇게 행동했을까?'라고 묻는다면, 그 기억은 후회가 아니라 성찰로 바뀐다. 예를 들어 한 친구와의 다툼을 떠올리며 그때의 감정을 솔직히 들여다보면, 단순한 오해가 아니라 이해받고 싶었던 마음이 숨어 있었다는 걸 깨닫게 된다. 이렇게 질문을 통해 과거를 다시 보면, 상처는 더 이상 아픈 기억이 아니라 나를 성장시킨 경험이 된다. '그때의 나는 최선을 다했을까?', '그 선택이 내게 무엇을 남겼을까?'라는 질문은 시간을 거슬러 나를 되돌아보는 일이다. 과거를 부정하는 대신 이해하는 순간, 그때의 나는 나를 가르치는 스승이 된다. 결국 성장은 과거의 나에게 묻고, 현재의 나로부터 대답을 듣는 과정이다.

일상을 바꾸는 작은 질문

질문은 반드시 거창할 필요가 없다. '오늘 나는 어떤 말을 하며 하루를 보냈을까?', '누군가에게 불필요한 말을 하진 않았을까?', '조금 더 따뜻하게 대할 수는 없었을까?' 이런 짧은 물음이야말로 우리를 조금씩 변화시킨다. 어떤 사람은 잠들기 전 하루를 돌아보며 자신에게 이런 질문을 던진다. 그 질문은 자책이 아니라 대화이고, 내일의 자신을 준비하는 예행연습이다. 이런 작은 질문은 행동을 바꾸고, 행동은 결국 삶을 바꾼다. 반복되는 일상 속에서도 '지금 나는 잘 살고 있을까?'라는 물음 하나가 방향을 바로잡아준다. 생각보다 삶은 거대한 결심이 아니라, 매일의 작은 질문으로 이루어져 있다.

질문은 나를 존중하는 태도다

자신을 존중하는 사람은 스스로에게 자주 묻는다. '나는 행복한가?', '이 선택은 내 마음에 진심으로 맞는가?'. 이런 질문은 누구나 알지만, 막상 던지기 어려운 질문이다. 왜냐하면 질문은 변화를 요구하기 때문이다. 하지만 그 변화를 두려워하지 않고 묻는 사람은 자기 삶의 주인이 된다. 세상은 늘 빠른 답을 요구하지만, 질문은 속도를 늦추고 생각을 깊게 만든다. 스마트폰 알림처럼 즉각적인 반응이 익숙한 시대에, 질문은 잠시 멈춤의 시간을 선물한다. 그 멈춤 속에서 우리는 생각하고 느끼며, 나를 구성하는 가치들을 정리한다. 지금의 나를 여기까지 데려온 것은 수많은 선택이 아니라 수많은 질문이었다. 그리고 앞으로의 나를 이끌어줄 것도 또 다른 질문들일 것이다. 인문학은 정답을 알려주는 공부가 아니라, 더 나은 질문을 던지는 연습이다. 하루의 끝에서 이렇게 물어보자.

"나는 오늘 어떤 나로 살았는가?"

이 짧은 질문이 내일의 나를 조금 더 단단하게 만들어줄 것이다.

02
타인과 함께 살아간다는 것

우리는 혼자 살아갈 수 없다는 사실을 알고 있다. 하지만 함께 살아간다는 것이 구체적으로 무엇을 의미하는지는 자주 잊는다. 타인과 함께한다는 건 단순히 같은 공간에 존재하거나 관계를 맺는 것이 아니라, 서로의 다름을 인정하고 이해하려는 마음을 잃지 않는 일이다. 인간은 관계 속에서 성장하고, 타인을 통해 자신을 더 깊이 알게 된다. 그러므로 함께 살아간다는 것은 결국 '타인을 이해함으로써 나를 완성해가는 과정'이라 할 수 있다. 이번 이야기에서는 타인과의 관계 속에서 우리가 어떻게 나를 발견하고, 어떤 태도로 세상과 연결되어야 하는지를 생각하게 만든다.

관계는 인정에서 시작된다

누군가와 관계를 맺는다는 건 그 사람의 존재를 '인정'하는 일이다. 매일 마주치는 동료에게 '오늘은 좀 피곤해 보이네요.'라고 건네는 말 한마디, 아침마다 엘리베이터에서 인사를 주고받는 짧은 순간이 바로 관계의 시작이다. 이런 사소한 관심은 상대에게 '당신을 보고 있다.'는 신호를 전한다. 인정은 특별한 배려가 아니라, 함께 살아가는 데 필요한 최소한의 예의이자 존중이다. 우리는 때로 너무 바빠서 주변의 사람들을 '풍경'처럼 지나쳐 버리지만, 인정의 한마디가 타인에게는 하루를 버티게 하는 온기가 된다. 서로가 존재를 확인하는 이 짧은 순간들이 쌓여 사회의 신뢰와 관계의 따뜻함을 만든다.

공감은 이해보다 깊은 연결이다

함께 살아간다는 것은 서로의 감정을 건너는 일이다. 말로는 다 설명할 수 없지만, 조용히 옆에 있어주는 존재만으로도 위로가 되는 때가 있다. 예를 들어 친구가 큰 실수를 했을 때 '괜찮아, 나라도 그랬을 거야'라는 말은 단순한 위로가 아니라 공감의 표현이다. 공감은 상대의 입장을 완전히 이해하려는 시도가 아니라, '나는 너를 느끼려 노력하고 있다.'는 마음이다. 공감은 즉각적인 판단보다 느리지만 더 깊게 관계를 묶는다. 누군가의 고통을 온전히 대신할 수는 없지만, 그 옆에서 함께 존재해주는 것만으로 우리는 서로의 삶에 작은 빛이 된다.

다름을 받아들이는 용기

사람은 누구나 다르다. 성격도, 생각도, 감정의 표현 방식도 다르다. 그러나 우리는 종종 자신과 다른 사람을 이해하기보다 바꾸려 한다. 가족 안에서도 세대 차이는 갈등의 원인이 되고, 친구나 연인 사이에서도 가치관의 차이는 쉽게 오해를 낳는다. 하지만 '그럴 수도 있 겠구나.'라는 말 한마디는 그 차이를 부드럽게 만든다. 한 부부는 다 툴 때마다 '상대의 말에서 단 하나라도 이해할 수 있는 부분을 찾아 보자.'고 약속했다고 한다. 이런 태도는 서로를 설득하기보다 존중하 기 위해 존재한다. 다름을 받아들이는 건 타인을 바꾸는 일이 아니 라 나의 마음을 넓히는 일이다. 타인의 세계를 이해하려는 순간, 우 리는 조금 더 성숙한 인간으로 자란다.

갈등을 대하는 새로운 시선

함께 살아간다는 건 충돌을 피하는 일이 아니다. 오히려 다름이 존재하기에 갈등은 자연스럽다. 중요한 건 그것을 피하지 않고 다루 는 법을 배우는 일이다. 직장에서 의견이 충돌했을 때 '그때 내 말이 기분 나빴을까?'라고 묻는 용기 하나가 상황을 바꾼다. 이 한 문장은 단순한 사과가 아니라, 관계를 회복하려는 의지다. 갈등은 대화를 멈 출 때 문제가 되고, 대화를 이어갈 때 이해의 계기가 된다. 타인과 함 께 살아가는 사람은 싸움을 피하지 않는다. 대신 싸움이 끝난 뒤의 관계를 더 단단하게 만들 방법을 고민한다. 진정한 관계는 침묵 속에 서도 서로의 마음이 이어질 수 있음을 믿는 데서 자란다.

함께 살아가는 삶의 온도

함께 살아간다는 건 누군가에게 공간을 내어주는 일이다. 내 생각 과 감정으로 가득한 마음에는 타인이 들어올 자리가 없다. 누군가의 말을 끝까지 들어주는 일, 잠시의 침묵을 허락하는 일, 그리고 서로의 속도를 기다려주는 일은 관계를 부드럽게 만든다. 지하철에서 자리를 양보하거나, 편의점 계산대에서 '수고하세요.'라고 말하는 짧은 인사도 그 연장선에 있다. 이 작은 행동들이 세상을 조금 더 따뜻하게 만든다. 결국 함께 살아간다는 건 타인에게 완벽함을 기대하기보다 불완전한 모습 그대로 받아들이는 일이다. 누군가는 빠르게 걷고, 누군가는 천천히 걷는다. 누군가는 크게 웃고, 누군가는 조용히 미소 짓는다. 그 다름을 껴안는 순간 우리는 비교보다 이해를, 경쟁보다 연대를 배운다.

조용히 함께 살아간다는 것의 의미

요란한 말보다 조용한 이해가 관계를 깊게 만든다. 커다란 약속보다 사소한 배려, 거창한 선물보다 짧은 안부가 사람을 이어준다. 누군가의 하루를 덜 외롭게 만들어주는 말 한마디, 불편한 상황에서도 웃으며 손 내밀 수 있는 여유, 그것이 타인과 함께 살아가는 힘이다. 함께 살아간다는 건 세상을 바꾸는 거창한 행동이 아니라, 매일 반복되는 일상 속에서 서로의 존재를 조금 더 따뜻하게 대하는 일이다. 우리가 타인 속에서 나를 발견하고, 나를 통해 타인을 이해하려 할 때, 세상은 조금 더 부드럽게 변한다. 결국 함께 살아간다는 건 관계 속에서 나를 완성해가는 길이며, 그 길 위에서 우리는 서로에게 가장 인간다운 거울이 된다.

03
불완전함을 인정하는 용기

사람은 누구나 완벽해지고 싶어 한다. 실수하지 않기를, 틀리지 않기를, 부족해 보이지 않기를 바라지만 완벽을 향한 욕망은 자유가 아니라 불안을 만든다. 기준이 높을수록 자신을 끊임없이 검열하게 되고, 작은 실패에도 쉽게 흔들린다. 완벽해야 한다는 생각은 자신을 다그치는 또 다른 굴레가 된다. 진짜 용기는 부족함을 숨기지 않고, 불완전한 자신을 있는 그대로 받아들이는 데서 시작된다. 인간은 본래 완전하지 않으며, 부족함 속에서 배우고 성장하는 존재다.

완벽이라는 착각

완벽함은 우리가 만들어낸 환상이다. 누군가의 삶이 완벽해 보이는 이유는 그 사람의 전부를 보지 않기 때문이다. 사회는 흠 없는 이미지를 요구하지만 그 뒤에는 피로와 불안이 쌓인다. 한 직장인은 완벽한 결과를 내기 위해 밤늦도록 일했지만 어느 순간 공허함을 느꼈다.

"나는 언제부터 일 말고 다른 걸 잃어버린 걸까."

완벽을 좇는 사이 삶의 균형이 무너진 것이다. 완벽함은 목표가 아니라 불안을 키우는 착각이다. 오히려 '지금의 나로 충분하다.'는 마음을 받아들일 때 여유가 찾아온다.

실수에서 배우는 용기

불완전함을 인정한다는 건 실수를 부끄러워하지 않는다는 뜻이다. 실패는 부끄러움이 아니라 배움의 과정이다. 한 요리사는 새로운 메뉴를 만들다 여러 번 맛을 망쳤지만 그 덕분에 재료의 조합과 향의 균형을 배웠다. 완벽만을 추구했다면 시도조차 하지 못했을 것이다. 실수는 나를 규정하는 낙인이 아니라 다시 도전하게 하는 출발점이다. 중요한 건 넘어지지 않는 게 아니라, 넘어질 때마다 조금 더 단단하게 일어나는 일이다.

관계 속의 불완전함

모든 일을 완벽히 하려는 사람은 오히려 타인에게 벽을 만든다. 상대는 그 옆에서 위축되고, 마음을 열지 못한다. 반대로 자신의 부족함을 인정하는 사람은 진솔함을 전한다. 한 팀원이 실수를 했을 때 리더가 말했다.

"괜찮아요, 저도 예전에 같은 실수를 했어요."

그 한마디는 책임을 덜어준 게 아니라, '함께 배우는 관계'라는 메시지를 전했다. 완벽함보다 공감이 관계를 단단하게 만든다. 서로의 불완전함을 인정할 때 우리는 진짜로 가까워진다.

비교의 굴레를 벗어나기

완벽을 향한 집착은 대부분 비교에서 비롯된다. 우리는 타인의 성취를 보며 자신이 부족하다고 느낀다. 그러나 비교의 끝에는 결코 만족이 없다. SNS 속 완벽한 삶은 현실의 일부일 뿐이다. 한 학생은 친구들의 성과를 보며 초라함을 느꼈지만, 어느 날 친구가 말했다.

"사실 나도 불안해서 매일 잠이 안 와."

그는 깨달았다.

"완벽해 보이는 사람도 나와 다르지 않구나."

불완전함은 모두의 공통 조건이다. 비교의 렌즈를 벗으면 자신만의 속도와 길이 보인다.

자신을 있는 그대로 받아들이기

불완전함을 인정하는 일은 자신을 사랑하는 일이다. 거울 앞에서 부족한 점만 찾으면 마음은 점점 작아진다. 하지만 '이것도 나의 일부야.'라고 말할 수 있는 순간 마음은 자유로워진다. 한 교사는 학생들에게 말했다.

"잘하지 않아도 괜찮아. 중요한 건 네가 진심으로 해보는 거야."

그 말은 단순한 위로가 아니라 성장의 본질이었다. 우리는 완벽할 수 없기에 서로를 이해하고, 부족하기에 배운다. 자신을 받아들이는 일은 포기가 아니라 용기다.

완벽하지 않아도 괜찮다는 말의 힘

"완벽하지 않아도 괜찮아."

이 단순한 문장은 우리를 위로하면서 앞으로 나아가게 만든다. 그것은 포기가 아니라 자기 존중의 선언이다. 완벽을 향한 노력보다 중요한 건 '지금의 나도 괜찮다.'는 믿음이다. 한 작가는 매일 아침 일기에 썼다.

"오늘도 완벽하지 않겠지만, 진심으로 살아보자."

우리는 완벽하지 않기 때문에 서로에게 기대고, 실수하기 때문에 배운다. 인간의 불완전함은 결함이 아니라 성장의 증거다. 진짜 용기는 강해지는 것이 아니라 부족함 속에서도 자신을 잃지 않는 것이다. 오늘 조금 흔들려도 괜찮다. 그 흔들림이야말로 여전히 배우고 있다는 증거이며, 살아 있다는 확실한 표식이다.

04
행복은 어디에서 오는가?

사람은 누구나 행복해지고 싶어 한다. 그러나 정작 행복이 무엇이냐고 묻는다면 쉽게 답하지 못한다. 우리는 흔히 행복을 '무엇인가를 이루었을 때' 느끼는 감정으로 생각한다. 돈을 벌면, 사랑을 얻으면, 성공하면 행복해질 거라 믿지만 그런 행복은 오래가지 않는다. 승진의 기쁨은 며칠이면 사라지고, 새 물건의 설렘은 금세 익숙해진다. 원하는 걸 얻었는데도 마음이 공허한 이유는 행복이 외부의 조건이 아니라, 세상을 바라보는 태도에서 비롯되기 때문이다. 행복은 사건이 아니라 관점이며, 환경보다 시선의 문제다.

비교가 만드는 불행의 그림자

행복을 멀리 밀어내는 가장 큰 이유는 비교다. 우리는 무의식적으로 타인과 자신을 견주며 산다. 친구의 집이 더 크고, 동료의 월급이 더 많으면 스스로를 초라하게 느낀다. 그러나 비교의 끝에는 불안만 남는다. 한 대학생은 늘 '나는 남들보다 늦다.'는 생각에 시달렸다. 그러던 어느 날, 그는 깨달았다.

"행복하지 않은 이유는 늦어서가 아니라, 내 속도를 믿지 못해서였다."

행복은 타인의 시간표에 맞추는 데서 오지 않는다. 자신만의 속도를 받아들이는 순간, 마음은 비로소 가벼워진다.

감사에서 시작되는 행복

행복은 복잡한 이유로 오지 않는다. 오히려 단순한 감정, 감사에서 비롯된다. 감사는 가진 것을 새롭게 바라보는 힘이다. 아침 햇살이 비치는 창문, 커피 향이 퍼지는 부엌, 친구의 짧은 메시지 속에서도 행복은 피어난다. 한 직장인은 말했다.

"출근길에 아이가 손 흔들어주는 순간, 힘든 하루도 괜찮아지더군요."

가진 것이 많아서 행복한 게 아니라, 지금 가진 것을 감사할 때 행복이 시작된다. 감사는 결핍의 시선을 멈추게 하고, 삶의 순간을 선물처럼 느끼게 한다.

기대가 낮을수록 행복은 가까워진다

행복을 방해하는 또 다른 이유는 지나친 기대다. 우리는 '이 일이 잘 되면 행복할 거야.'라고 믿지만, 현실은 늘 기대와 다르다. 한 청년은 완벽한 하루를 만들기 위해 계획을 세웠지만, 뜻대로 되지 않자 쉽게 짜증이 났다. 어느 날 그는 계획을 내려놓고 하루를 자연스럽게 보내보기로 했다. 점심시간 동료와 웃고, 퇴근길에 노을을 바라봤다. 그는 일기에 썼다.

"오늘은 아무 일도 없었지만, 오랜만에 마음이 편했다."

완벽하지 않아도 웃을 수 있을 때 행복은 가까워진다.

행복은 선택의 문제다

행복은 환경이 아니라 선택의 결과다. 같은 일을 겪어도 어떤 사람은 불행을, 또 다른 사람은 기쁨을 느낀다. 비 오는 날을 예로 들어보자. 누군가는 '오늘은 비 때문에 기분이 별로야.'라고 말하지만, 또 다른 이는 '비 덕분에 공기가 맑네.'라고 웃는다. 상황은 같아도 시선이 다르면 감정도 달라진다. 한 간호사는 말했다.

"고통 속에서도 누군가 미소 짓는 순간, 그게 제 행복이에요."

행복은 외부의 보상이 아니라 스스로 의미를 찾아내는 힘이다. 우리가 선택한 시선이 곧 우리의 행복을 만든다.

일상 속의 조용한 행복

행복은 거창한 목표에서 오지 않는다. 오히려 일상의 틈새에서 피어난다. 아침에 창문을 열고 깊게 숨을 들이마시는 순간, 반려동물이 꼬리를 흔드는 순간, 따뜻한 차를 마시며 스스로에게 '오늘도 괜찮았어.'라고 말할 때, 그것이 행복이다. 한 여성은 말했다.

"노을을 보면 하루의 끝이 위로받는 기분이에요."

특별한 일이 없어도 그 고요함이 마음을 채운다. 행복은 늘 곁에 있지만, 우리가 눈을 돌리지 않을 때만 보인다.

행복은 습관이다

행복은 어느 날 갑자기 찾아오는 행운이 아니라, 매일의 선택으로 쌓이는 습관이다. 불평 대신 감사를, 조급함 대신 여유를, 결핍 대신 충분함을 바라보는 연습이 필요하다. 완벽하지 않은 하루에도 웃을 이유를 하나 찾는 사람, 그가 진짜 행복한 사람이다. 행복은 결승선이 아니라 여정이다. 길 위에서 스치는 바람, 누군가의 인사, 스스로를 다독이는 한마디가 모두 그 길의 풍경이다. 오늘 하루가 완벽하지 않아도 괜찮다. 지금 이 순간 마음이 따뜻하다면, 우리는 이미 행복의 한가운데 서 있는 것이다.

05
삶을 다시 바라보는 힘

살다 보면 모든 것이 익숙해지고 반복되는 순간이 찾아온다. 아침에 눈을 뜨고, 출근해 일하고, 다시 집으로 돌아와 잠드는 하루가 이어질 때 사람은 문득 묻게 된다. '이게 전부일까?' 하지만 삶을 다시 바라본다는 건 그런 질문을 던지는 데서 시작된다. 인생은 언제나 같은 풍경 같지만, 그 속에는 매일 조금씩 다른 의미가 숨어 있다. 우리가 세상을 어떻게 보느냐에 따라 하루의 색이 달라지고, 같은 사건도 다른 감정으로 다가온다. 인문학이 말하는 '다시 바라보기'란 세상을 바꾸는 일이 아니라, 내가 세상을 바라보는 시선을 새롭게 하는 일이다. 익숙함 속에서도 멈춰 서서 생각할 줄 아는 사람은 매일의 삶을 낯설게 바라보며 그 안에서 새로운 의미를 찾아낸다.

익숙함 속에서 깨어나는 감각

우리는 너무 익숙한 나머지 삶을 '자동 모드'로 살아간다. 늘 같은 길, 같은 목소리, 같은 일상이 반복되면 특별함을 느끼지 못한다. 그러나 익숙함은 때로 삶의 소중함을 가려버린다. 한 교사는 매일 같은 교실과 학생들 속에서 권태를 느꼈다. 그러던 어느 날 학생들의 웃음을 유심히 바라보다 깨달았다.

"나는 매일 이 얼굴들을 보면서도 한 번도 진심으로 본 적이 없었구나."

그날 이후 그는 수업 방식보다 아이들의 표정에 집중하기 시작했고, 일상은 다시 생기를 얻었다. 익숙함 속에서 잠시 멈추는 순간 잊고 있던 감각이 깨어난다. 삶을 새롭게 바라보는 힘은 바로 이런 작은 멈춤에서 자란다.

시선이 달라지면 세상이 달라진다

삶은 우리가 바라보는 각도에 따라 전혀 다른 얼굴을 가진다. 같은 일을 겪어도 어떤 사람은 불행을, 또 다른 사람은 감사함을 느낀다. 한 직장인은 반복되는 일상에 지쳐 있었지만, 어느 날 출근길에 스쳐 지나던 공원의 나무가 계절에 따라 변하고 있다는 걸 보았다.

"세상은 그대로인데, 내가 달라지지 않았던 거구나."

그 이후 그는 매일 출근길에 잠시 멈춰 하늘을 바라보았다. 그 짧은 습관이 하루의 시작을 바꾸었다. 시선이 바뀌면 현실은 그대로여도 마음의 온도는 달라진다. 불평 대신 관찰을, 지루함 대신 호기심을 선택하는 순간 세상은 조금 더 따뜻해진다.

멈춤 속에서 피어나는 통찰

빠르게 돌아가는 사회에서 우리는 늘 '앞으로'만 나아가려 한다. 그러나 진짜 성장은 멈춤 속에서 일어난다. 한 청년은 쉼 없이 일하다 뜻밖의 휴직을 맞았다. 처음엔 불안했지만, 시간이 지나자 그는 세상의 작은 풍경들을 보기 시작했다. 늦은 오후의 햇살, 식탁 위의 커피잔, 가족의 웃음소리. 그는 말했다.

"그때 멈추지 않았다면, 지금도 내 삶은 비어 있었을 거예요."

멈춘다는 건 포기가 아니라 자신을 돌아보는 용기다. 바쁘게 달리며 보지 못했던 것들이 그제야 눈에 들어온다. 삶을 다시 바라보는 힘은 바로 그 '멈춤의 순간'에서 태어난다.

결핍이 주는 선물

삶은 언제나 완전하지 않다. 실패와 상실, 부족함은 누구에게나 찾아오지만 그 안에는 성장의 기회가 숨어 있다. 한 작가는 젊은 시절 가난 속에서 글을 썼다. 그는 훗날 말했다.

"그 시절은 가장 힘들었지만, 동시에 가장 나다웠던 시간이었다."

결핍은 고통스럽지만, 그것이야말로 인간을 단단하게 만든다. 풍요로울 때는 지나치던 것들이 부족함 속에서는 선명하게 다가온다. 고통을 피하려 하기보다 의미를 찾으려 할 때 사람은 성숙해진다. 상처는 아픔의 흔적이 아니라 성장의 기록이다. 삶을 다시 바라보는 힘은 상처를 다르게 해석하는 데서 비롯된다.

관계 속에서 배우는 다른 시선

우리는 타인을 통해 자신을 배운다. 가족, 친구, 동료와의 관계 속에서 나의 한계와 모습을 마주하게 된다. 한 신입사원은 상사의 지적이 불편했지만, 시간이 지나며 그것이 자신의 성장을 바란 조언이었다는 걸 깨달았다.

"그 말이 상처처럼 들렸지만, 사실은 내 가능성을 본 말이었구나."

관계 속에서 시선을 바꾸면 상처는 이해로, 오해는 대화로 바뀐다. 우리는 혼자가 아니다. 타인의 말과 행동 속에서 나를 배우고, 그 과정을 통해 세상을 조금 더 깊이 이해하게 된다.

속도를 늦출 때 보이는 것들

세상은 늘 더 빨리, 더 많이를 요구한다. 그러나 인생은 경쟁이 아니라 여정이다. 한 남성은 도시 생활을 정리하고 시골로 내려가 살았다. 처음엔 불안했지만, 점점 흙냄새와 바람의 소리에 익숙해지며 말했다.

"처음으로 내가 사는 소리를 들었어요."

속도를 늦추면 잃었던 감각이 돌아온다. 급하게 달릴 땐 목표만 보이지만, 천천히 걸으면 풍경이 보인다. 삶을 다시 바라보는 힘은 바로 이 '속도의 전환'에서 시작된다.

오늘을 새롭게 느끼는 용기

삶을 다시 본다는 건 세상을 새로 만드는 일이 아니라 하루를 새롭게 느끼는 일이다. 한 청년은 말했다.

"예전엔 하루가 버티기 힘들었는데, 지금은 아침 햇살이 좋다고 느끼는 것만으로도 하루가 달라졌어요."

같은 세상, 같은 시간 속에서도 시선이 바뀌면 마음의 온도가 변한다. 삶을 다시 바라본다는 건 결국 나 자신을 다시 만나는 일이다. 내가 세상을 보는 방식을 바꿀 때 평범한 하루가 선물이 되고, 익숙한 일상이 기적이 된다. 오늘이 특별하지 않아도 괜찮다. 그 안의 작은 의미를 느낄 수 있다면 우리는 이미 새로운 삶의 문 앞에 서 있는 것이다.

생각하는 사람들의 비밀 노트 01
처음부터 배우는 인문학 수업

초판 1쇄 발행 2025년 12월 25일

지은이 김민식
펴낸이 백광석
펴낸곳 다온길

출판등록 2018년 10월 23일 제2018-000064호
전자우편 baik73@gmail.com

ISBN 979-11-6508-657-2 (03100)

이 책은 저작권법에 따라 보호받는 저작물이므로 무단 전재와 무단 복제를 금지하며, 이 책 내용의 전부 또는 일부를 이용하려면 반드시 저작권자와 다온길의 서면동의를 받아야 합니다.

잘못 만들어진 책은 구입하신 서점에서 교환해 드립니다.
책값은 뒤표지에 있습니다.